"十四五""三教"改革精品教材

# 老年人活动策划与组织

主　审　付　瑶

主　编　陈玲丽　范　围

副主编　吴小艳　齐如霞　戎　琴

参　编　夏　露　李　璟

华中科技大学出版社

中国·武汉

# 内 容 简 介

本书是"十四五""三教"改革精品教材。

本书内容包括认识老年人活动、了解老年人活动策划与组织、策划组织老年人学习类活动、策划组织老年人竞赛类活动、策划组织老年人观赏类活动、策划组织老年人展示类活动、策划组织老年人茶话会类活动、策划组织老年人外出类活动。

本书主要供高职高专老年服务专业的学生和教师使用,也可供社会工作与相关从业人员参考。

**图书在版编目(CIP)数据**

老年人活动策划与组织 / 陈玲丽,范围主编. -- 武汉:华中科技大学出版社,2025. 6. -- ISBN 978-7-5772-1981-3

Ⅰ. C936

中国国家版本馆 CIP 数据核字第 2025V9T769 号

**老年人活动策划与组织**                                         陈玲丽  范  围  主编

Laonianren Huodong Cehua yu Zuzhi

策划编辑:黄晓宇

责任编辑:王莉菲  李艳艳

封面设计:原色设计

责任校对:李  琴

责任监印:曾  婷

出版发行:华中科技大学出版社(中国·武汉)        电话:(027)81321913
         武汉市东湖新技术开发区华工科技园          邮编:430223

录    排:华中科技大学惠友文印中心

印    刷:武汉市籍缘印刷厂

开    本:787mm×1092mm  1/16

印    张:8.75

字    数:226 千字

版    次:2025 年 6 月第 1 版第 1 次印刷

定    价:39.80 元

# 前言

随着我国人口老龄化进程的不断加快,老年人群体规模持续扩大,如何丰富老年人的精神文化生活、提升其晚年生活质量已成为全社会关注的焦点。本书正是在这一背景下应运而生,旨在为社区工作者、养老机构从业人员、志愿者以及关心老年事业的社会各界人士,提供一套系统、实用的老年人活动策划与组织指南。

本书基于编者多年从事老年人活动策划领域的实践经验,结合国内外先进的老年人活动理论,从老年人的身心特点出发,详细阐述了适合老年人开展的各类活动的设计原则、组织方法和实施技巧。全书内容涵盖文化娱乐、健康养生、社交互动、志愿服务等多种活动类型,既包含日常兴趣小组的组织,也包括传统节庆活动的策划,力求满足不同层次老年人群体的多样化活动需求。

在编写过程中,我们特别注重以下几个方面。一是强调活动的适老性,所有活动设计都以老年人的身体条件和心理特征为基础;二是强化活动的可操作性,配以详细的活动流程、物资准备和注意事项;三是突出活动的创新性,引入当代老年人感兴趣的主题和形式;四是保障活动的安全性,注重活动过程中的风险防控与应急预案的制订。

本书既可作为老年服务相关专业的教材,也可作为社区和养老机构策划与开展老年人活动的参考手册。我们希望通过本书的出版,推动更多优质老年人活动的开展,让老年人都能享有丰富多彩、有尊严、有质量的晚年生活。

由于编者水平有限,书中难免存在不足之处,恳请广大读者批评指正。

编　者

# 目录

# 认识老年人活动

## 任务一　了解和掌握开展老年人活动的社会背景及指导依据

### 一、了解开展老年人活动的社会背景

任何活动的开展都离不开其所处的社会背景,我国正处于一个什么样的历史时期呢?

**(一)我国已进入老龄化社会**

**1. 老龄化社会的概念**　老龄化社会,也称为人口老龄化社会,是指老年人口占总人口的比例达到或超过一定阈值的社会状态。这一阈值在国际上通常有两种标准:一是 60 周岁以上老年人口占总人口的 10%,二是 65 周岁以上老年人口占总人口的 7%。当一个国家或地区满足其中任一标准时,即可认为其进入了老龄化社会。我国目前正面临老龄化社会的挑战。截至 2023 年底,全国 60 周岁及以上老年人口达到了 29697 万人,占总人口的 21.1%。这一比例已经远远超过了国际上老龄化社会的标准。同时,65 周岁及以上老年人口数量为 21676 万人,占全国人口的 15.4%。这一数据也表明,我国已经正式进入了中度老龄化社会,并且老龄化程度正在不断加深。

**2. 我国老龄化社会的特点**　我国老龄化社会的特点主要表现为老年人口规模超大、人口老龄化进程速度超快、老龄化程度超高、老龄社会形态超级稳定、地区发展不平衡以及高龄老龄化明显,具体表现如下。

(1)老年人口规模超大。

①数量庞大:我国是世界上老年人口最多的国家。根据第七次全国人口普查数据,2020 年我国 60 周岁及以上老年人口为 2.64 亿人,占总人口的 18.7%。联合国《世界人口展望 2019》中的方案预测数据显示,到 2026 年我国老年人口将超过 3 亿人,2034 年将超过 4 亿人,2052 年将达到峰值 4.9 亿人。

②增长迅速:与 2010 年相比,2020 年我国 60 周岁及以上老年人口占总人口的比例上升了 5.44%,显示出老年人口的快速增长。

(2)人口老龄化进程速度超快。

①快速老龄化:预计到 2027 年,我国 65 周岁以上老年人口比例将从 2002 年的 7% 上升到 14%,这一速度超过了世界平均水平。从现在到 2050 年期间,我国老年人口的年均增长率将远远超过总人口的年均增长率。

②演进速度快:我国人口老龄化的演进速度比世界上人口数超过一亿的所有国家的演进速度都要快。

（3）老龄化程度超高：以 60 周岁及以上老年人口占总人口的比重表示老龄化程度，2020 年我国老龄化程度达到 18.7%。根据预测，十四五时期，我国老龄化程度将超过 20%，进入中度老龄化社会，并将在 2041 年超过 30%，进入重度老龄化社会，跨入世界人口老龄化程度最高的国家的行列（图 1-1）。

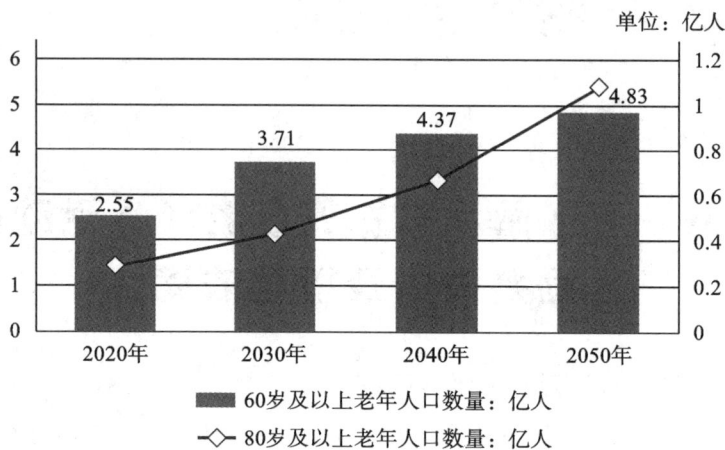

图 1-1　2020—2050 年中国老年人口测算

（4）老龄社会形态超级稳定：在 21 世纪下半叶，我国将在人口老龄化超高水平的基础上呈现超级稳定的老龄社会形态，届时我国老年人口规模将保持在 4 亿～4.8 亿人。

（5）地区发展不平衡：农村地区的人口老龄化程度高于城镇地区，地域之间的人口老龄化程度也不相同。贫困和低收入老年人口仍然较多，城镇老年人的宜居环境问题突出，七成以上的城镇老年人居住的老旧楼房没有安装电梯，高龄、失能和患病老年人出行举步维艰。同时，农村老年人留守现象突出。

（6）高龄老龄化明显：根据《2023 年度国家老龄事业发展公报》显示，截至 2023 年末，我国 80 周岁及以上高龄老年人口规模约 4074 万人。这表明我国不仅在总体上老龄化速度加快，而且在个体层面也面临着越来越高的老龄化压力。

**（二）家庭结构变化与养老功能弱化**

**1. 家庭小型化**　随着社会转型，传统的大家庭模式逐渐瓦解，取而代之的是小型化、核心化的家庭结构。这种变化导致家庭养老功能弱化，子女在照顾老年人方面的精力和时间有限。

**2. 空巢老人现象**　随着子女外出工作、求学或定居他乡，越来越多的老年人成为空巢老人。空巢老人面临着孤独、寂寞等心理问题，对社交、娱乐等活动的需求更加迫切。

**（三）经济发展与政策的支持**

**1. 经济增长与消费升级**　随着我国经济的持续增长和居民收入水平的提高，老年人的消费能力不断增强。他们更加注重生活品质和精神文化需求，对旅游、娱乐、教育等服务的需求也在不断增加。

**2. 政策支持**　政府高度重视老年人相关工作，出台了一系列政策措施来支持老年人活动的开展。这些政策包括加强老年人活动设施建设、鼓励社会力量参与老年人服务、推广智慧养老等。

**（四）社会文化与价值观念的转变**

**1. 尊老敬老的传统美德**　尊老敬老是我国优良的传统美德。随着社会的进步和文明程度的提高,这种美德得到进一步弘扬和传承。全社会对老年人的关注和关爱程度不断提高,为开展老年人活动提供了良好的社会氛围。

**2.老年人社会参与意识增强**  越来越多的老年人不再仅满足于安享晚年,而是积极参与社会活动,发挥余热。他们通过参与志愿服务、文化娱乐等活动来丰富自己的晚年生活,实现自我价值。

综上所述,开展老年人活动的社会背景是多方面的。人口老龄化趋势显著、家庭结构变化与养老功能弱化、经济社会发展的推动以及社会文化与价值观念的转变等因素共同促进了老年人活动的开展。未来,随着老年人口的继续增长和老年人需求的多样化发展,老年人活动将更加丰富多彩、贴近老年人实际需求。

## 二、掌握开展老年人活动的指导依据

### (一)政策法规依据

**1.《中华人民共和国老年人权益保障法》**  该法是我国保障老年人权益的基本法律,其中明确规定了国家和社会应当采取措施,丰富老年人的精神文化生活,鼓励和支持老年人参与社会发展。

**2.《中共中央  国务院关于加强新时代老龄工作的意见》**  这一文件为新时代老龄工作提供了总体指导和政策框架,强调要大力促进老年人社会参与,积极引导老年人为经济社会发展做贡献。

**3.全国老龄委印发的《关于深入开展新时代"银龄行动"的指导意见》**  该文件明确提出,"银龄行动"是以老年人为主体,坚持自觉自愿、量力而行的原则,以开展智力援助和参与基层治理、社会服务等为内容,服务经济社会发展的志愿服务活动。它为开展老年人活动提供了具体的指导和实施路径。

### (二)科学养老的四大任务

随着社会的进步和人口老龄化的加剧,科学养老已成为社会发展的重要课题。科学养老不仅关乎老年人的物质生活保障,更在于提升他们的精神生活质量、促进其社会参与度和优化资源配置。本文将从健康老龄化、精神丰盈化、社会参与化和资源整合化四个方面阐述科学养老的四大任务。

**1.健康老龄化**  健康老龄化是科学养老的首要任务。健康不仅是身体的无病状态,更是身体、心理和社会适应能力的完满状态。在老龄化社会,保障老年人的健康是实现其高质量晚年生活的基础。

健康老龄化的实现路径如下。

(1)加强医疗保障:建立健全的老年医疗保障体系,提高医疗保障水平,确保老年人能够享受到及时、有效的医疗服务。

(2)推动健康管理:鼓励老年人定期进行健康检查,开展健康教育和健康促进活动,提高老年人的健康素养和自我保健能力。

(3)构建康复护理体系:针对失能、半失能老年人,建立专业的康复护理机构和服务体系,提供个性化的康复护理服务。

**2.精神丰盈化**  精神丰盈化是科学养老的重要任务之一。老年人不仅需要物质保障,更渴望得到精神层面的关怀和支持。丰富老年人的精神生活,可以满足他们的情感需求,提升他们的生活质量和幸福感。

精神丰盈化的实现路径如下。

(1)鼓励发展兴趣爱好:支持老年人发展自己的兴趣爱好,如绘画、音乐、舞蹈等,老年人可以通过参与这些活动陶冶情操,提升审美情趣。

(2)加强社交互动:鼓励老年人参与社区活动,与家人、朋友保持良好的沟通和互动,老年人可以通过社交活动获得情感慰藉和支持。

(3)倡导终身学习:鼓励老年人继续学习新知识,老年人可以通过老年大学、在线教育等方式,拓宽视野,充实精神生活。

**3. 社会参与化** 社会参与化是科学养老的又一重要任务。老年人在社会互动过程中,可以通过发挥其在知识、经验和技能等方面的优势,实现自身价值,提升社会认同感和幸福感。

社会参与化的实现路径如下。

(1)搭建参与平台:政府和社会各界应搭建老年人社会参与的平台,如社区志愿服务、老年人才智库等,为老年人提供发挥作用的渠道。

(2)完善政策支持:出台相关政策措施,鼓励和支持老年人参与经济社会发展,保障他们的合法权益。

(3)营造参与氛围:通过宣传教育和舆论引导,营造全社会尊重、关爱老年人的良好氛围,激发老年人参与社会活动的热情。

**4. 资源整合化** 资源整合化是科学养老的重要保障。面对庞大的老年人口和多元化的养老需求,必须优化资源配置,提高养老服务资源的利用效率。

资源整合化的实现路径如下。

(1)完善养老服务体系:构建以居家为基础、社区为依托、机构为补充的养老服务体系,实现养老服务的全面覆盖。

(2)加强资源协同:推动养老服务资源在地区间、城乡间的协同运作,实现资源的优势互补和高效利用。

(3)打造示范项目:通过建设高质量的养老服务资源整合示范区,输出成功经验,推动全国养老服务资源的优化整合。

总之,科学养老的四大任务健康老龄化、精神丰盈化、社会参与化和资源整合化是相互关联、相互促进的。只有在这四个方面取得均衡发展,才能实现老年人高质量晚年生活的目标。政府、社会、家庭和个人都应共同努力,为科学养老贡献自己的力量。

**(三)科学养老的"六个老有"**

科学养老的"六个老有"见表1-1。

表1-1 科学养老的"六个老有"

| | |
|---|---|
| 老有所养 | 老有所养是核心,是其他"五个老有"的前提和基础。老有所养就是满足老年人衣、食、住、行的基本需求以及生活照料和精神慰藉的特殊需求 |
| 老有所医 | 老有所医是重点和保障。老有所医就是满足老年人看病治病的需求,这也是老年人生活中非常关心的问题 |
| 老有所为 | 老有所为是很多老年人晚年生活不可缺少的组成部分,他们用自己掌握的知识和技能继续为我国现代化建设做出新的贡献 |
| 老有所学 | 老有所学也是许多老年人生活的组成部分,他们根据自己的爱好,学习掌握一些新知识和新技能,既能陶冶情操,又能丰富生活 |

| | |
|---|---|
| 老有所教 | 老有所教是通过思想政治教育,广大老年人能做到政治坚定、思想常新、理想永存 |
| 老有所乐 | 老有所乐的内容极其丰富,通过开展各种各样适合老年人特点的文体活动,为老年人增添欢乐,使老年人幸福安度晚年 |

科学养老的四大任务、"六个老有"的目的都是帮助老年人全方位适应老年期社会,促进老年人的身心健康发展。科学养老的四大任务、"六个老有"相辅相成。

→ 实践训练

**1. 供养和生活料理服务** 一是街道、社区提供长期性和临时性养老(托老)场所,如敬老院、福利院、老年公寓、老年人日托站、老年人食堂等;二是成立老年人家庭服务站,上门帮助料理生活;三是资助老年人活动辅助器材;四是进行适当的康复医疗知识咨询和教育,使家庭更好地了解老年人的问题和需求;五是在社会服务业中,增设老年人生活服务点,如老年人商店、专柜等,为老年人提供日常生活的便利。

**2. 医疗保健和康复服务** 社区建立老年人医疗保健服务中心,为老年人就医提供方便,并建立 80 岁以上老年人健康档案,向老年人提供常见病的护理和治疗。

**3. 教育服务** 开办各类老年学校、老年大学,为老年人再学习、再教育提供机会和便利条件。

**4. 社会参与服务** 为老年人晚年继续参与社会活动提供条件,如加强老年人与青少年以及社会的联系,为老年人关心教育下一代发挥力所能及的作用;在公共场所、桥梁、道路和公共设施的建设中,要有符合老年人特点的服务设施;组织老年人成立老年人技术服务部、科学技术咨询服务部、老年人协会,义务协助和参加街道居委会工作等。

**5. 文体娱乐服务** 增设各种文体娱乐设施,组织老年人成立各类协会、研究会,开展各种文体娱乐活动,如建立老年人活动室、活动中心,成立老年人书画社、旅游服务部、戏曲社等。

**6. 其他方面的服务** 如开办老年人婚姻介绍所,帮助老年人再婚和重建家庭,并在就医、乘车、旅游等方面提供优先照顾老年人的服务。

问题:请问材料中每项具体的老年服务分别体现了科学养老"六个老有"中的哪项?

# 任务二 学习老年人活动的相关理论

社会学、心理学、经济学、生物学、医学等学科领域都有许多老年人活动的相关理论,这些理论包括撤离理论、延续理论、角色理论、活动理论、社会建构理论、符号互动理论、行为理论、现代化理论、老年亚文化理论、年龄分层理论、经济理论、适应理论、马斯洛需求层次理论、人生回顾理论、人格类型理论、生命周期理论、自我概念理论、社会环境理论、优势视角理论等,限于篇幅,本次任务只选择其中部分理论予以介绍。

## 一、理解马斯洛需求层次理论

马斯洛需求层次理论,也称为基本需求层次理论,是由美国心理学家亚伯拉罕·马斯洛于 1943 年在论文《人类动机理论》中提出的。该理论将人类需求像阶梯一样从低到高划分为五个层次,分别是生理需求、安全需求、社交需求、尊重需求和自我实现需求。

生理需求:这是人类维持自身生存的最基本需求,包括衣、食、住、行等方面的需求。如果这些需要得不到满足,人类的生存就成了问题。因此,生理需求是驱动行为的最大动力。

安全需求:这是人类在保障自身安全、摆脱失业和丧失财产威胁、避免疾病和危险侵害等方面的需求。马斯洛认为,人是一个追求安全的有机体,人的感官、智能和形为方式等主要是寻求安全的工具,甚至可以把科学和人生观的建立都看成是满足安全需求的一部分。

社交需求:也叫归属与爱的需求,是指个人渴望得到家庭、朋友、同事、团体的关怀、爱护、理解,是对亲情、友情和爱情的需求。社交需求比生理需求和安全需求更为细腻复杂。它与个人性格、经历、文化背景、宗教信仰等都有关系。

尊重需求:每个人都希望自己拥有稳定的社会地位,并希望个人的能力和成就得到社会的认可。尊重的需求又可分为内部尊重和外部尊重。内部尊重是指一个人希望在各种不同情境中展现出实力、自信、胜任感、自主性。总之,内部尊重就是人的自尊。外部尊重是指一个人希望获得社会地位和威信,受到别人的尊重、信赖和正面评价。马斯洛认为,尊重需求得到满足,能使人对自己充满信心,对社会满腔热情,感受到自身存在的价值与意义。

自我实现需求:这是最高层次的需求,它是指个人实现理想、抱负,发挥能力到最大程度,达到自我实现境界的需求。满足该需求的人通常能接受自己和他人,具备较强解决问题的能力和自觉性,善于独立处事,同时要求不受打扰地完成与自己的能力相称的工作。马斯洛提出,为满足自我实现需求所采取的途径是因人而异的。自我实现的需求体现自我实现的潜力,满足此需求有助于成为自己所期望的人。

这五种需求像阶梯一样从低到高,按层次逐级递升(图1-2),但这种次序不是完全固定的,在现实生活中也存在多种例外情况。一般来说,当某一层次的需求相对满足了,个体会向高一层次发展,追求更高一层次的需求就成为行为的驱动力。相应地,获得基本满足的需求就不再对行为产生显著激励作用。五种需求可以分为两级,其中生理需求、安全需求和社交需求都属于低一级的需求,这些需求通过外部条件就可以满足;而尊重需求和自我实现需求是高级需求,它们是通过内部因素才能满足的,且个体对尊重和自我实现的需求是无止境的。同一时期,同一个体可能有几种需求,但每一时期总有一种需求占主导地位,并对行为起决定作用。任何一种需求都不会因为更高层次需求的发展而消失。各层次的需求相互依赖和重叠,高层次的需求发展后,低层次的需求仍然存在,只是对行为影响的程度大大减小。

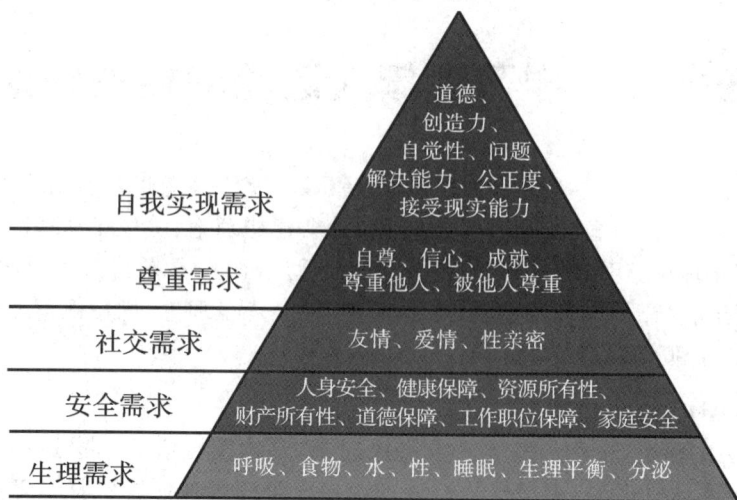

图1-2 马斯洛需求层次理论关系图

马斯洛需求层次理论在开展老年人活动中的运用见表1-2。

表 1-2 马斯洛需求层次理论在开展老年人活动中的运用

| 需求类别<br>（由低至高） | 运 用 举 例 |
| --- | --- |
| 生理需求 | ①衣：每年有新的衣服；平时衣着整洁，有洗衣机可以使用，大件衣服有人帮忙清洗。<br>②食：解决温饱问题；营养结构均衡；有子女能够帮忙购买日常食品；如果不能做饭，附近社区有实惠的餐馆；如果生病了，可以有人来送饭；家中有一些零食，可供临时食用。<br>③住：有一定的住房空间；有自己的独立生活环境，如厨房、卫生间；在住房中可以自如生活。<br>④行：可以经常外出去各个子女家；能够出去旅游，休闲度假；能够去附近公园玩 |
| 安全需求 | ①自身安排：日常生活自理。<br>②财产、遗产安全：自己有权保管自己的财产；有一定的常识可以应对电话诈骗；子女告知老年人如何理财；家中有一定的防盗的措施，如防盗窗、自动报警装置；将家庭财产公证；自己可以事先定好遗嘱，决定自己财产的处置方法。<br>③疾病安排：生大病时，能够接受常规的医疗服务；生小病时，自己可以在附近就医；有医保卡；社区有一些医疗保健的宣传。<br>④自身安全方面考虑：自己的身体不受到他人侵犯，如虐待 |
| 社交需求 | ①社交活动需求：朋友圈有定期聚会；家中有电话可以经常联系一些亲朋好友；能够使用一些常规的交流工具，如邮件、电话。<br>②组织归属需求：参加社区的各种兴趣小组；参加社区的志愿服务，帮助他人；参加社区组织的集体活动。<br>③心理方面需求：心情舒畅，无衣食之忧；没有压力；遇到困难，有可以说心里话的人，能够有效地排遣心中的苦闷；儿孙满堂，子女有出息 |
| 尊重需求 | ①内部尊重：自己能办到的事情，不想麻烦子女；不喜欢与子女住在一起，担心不自由；不喜欢被子女强行送到敬老院；有自己的饮食习惯，不想与子女一起吃饭。<br>②外部尊重：想让子女按照自己的意图去办事，老年人说怎么做，子女就怎么做；子女做决定时，想让子女听取老年人的意见；想让子女经常来看望自己；想收到子女的礼物；想获得同龄人的认可，想在某项内容上超过其他老年人 |
| 自我实现需求 | 想写回忆录；想做个人纪录片；有专长的老年人想将自己的想法、方法教给年轻人；有才艺的老年人喜欢参加各类比赛；积极地去创造自己的第二职业，或者投身于公益事业，或者是专注于自己因忙于工作而搁置的业余爱好，发挥自己的特长和优势，充分享受退休后的生活 |

## 二、理解活动理论

活动理论见表1-3。

表 1-3　活动理论

| 理 论 内 容 | 意 义 | 案例(各种老年服务小组) |
|---|---|---|
| 　1953 年由凯文等人提出。活动理论认为老年人的生活满足感与活动间有积极的联系。成功适应老年生活的人通常是那些能够保持活力,力争不从社会生活中退出的人。老年人如果能尽可能长地保持中年时的活动,就能更好地调整和适应晚年生活,并对晚年生活感到满意。老年人可以找到其他东西来替代原先的工作,用新环境中的人替代旧友。因此,活动理论主张老年人应通过参与新的活动、承担新的角色来改善其由于社会角色中断所引发的情绪低落,如用新的角色取代因丧偶或退休而失去的角色,在社会参与中重新认识自我,从而把自身与社会的距离缩小至最低程度 | 　活动理论对于老年人活动的意义在于,无论是从医学和生物学的角度,还是从日常生活观察得出结论,"用进废退"是生物界的一个普遍规律,因此,老年工作者不仅要在态度和价值取向上鼓励老年人积极参与他们力所能及的一切社会活动,更应为老年人的社会参与提供更多的机会和条件 | 　(1)夕阳红志愿服务队:以社区网格为中心,以社区路段来划分,对社区内部开展物业管理监督、治安巡防、环境保护等工作。<br>　(2)桑榆老年文体队:组织文艺爱好者参与歌唱、舞蹈、书法、象棋等老年教学课程,为社区文化活动储备文化艺术节目。<br>　(3)心连心高龄老年人服务小组:日常电话联系社区独居高龄老年人,每周固定时间走访、慰问,并引入市青少年志愿者、大学生志愿团体参与其中 |

## 三、理解角色理论

角色理论见表 1-4。

表 1-4　角色理论

| 理 论 内 容 | 意 义 | 案例(退休干部社会角色调适小组活动方案) |
|---|---|---|
| 　角色理论认为当个体经历衰老过程所带来的变化时,常常会失去象征中年的社会角色和社会关系。例如,丧偶或同辈人死亡所带来的关系和角色的变化,以及因退休而失去职业角色。他们需接纳象征晚年的新的社会角色和社会关系,如做祖父母。这一理论认为,老年人能成功适应老年生活,在很大程度上取决于其对角色变化和角色丧失的调整适应 | 　角色理论对于老年人活动的意义在于,老年工作者在老年人活动中要帮助老年人调整自己,适应新的角色,或者发展新角色,以替代失去的角色,重新建立有意义的关系。比如,退休了,有些老年人不能良好适应,可能会生病,心情不好,老年工作者可以在社区中经常开展一些社区活动及针对社区退休人员的小组活动,帮助他们结交新朋友,融入社区,适应角色转换 | 　小组活动分为以下几节,分别为初期的相互认识"我们'缘'来认识""回忆往事,着眼当前",使退休的老年人在小组中找到归属感,正确看待退休后的问题,提升自我认知;中期的自我健康认知"我的健康我做主",培养退休干部的一些兴趣并帮他们寻找新角色,"我动手,我快乐""分享快乐",可使参与者获得满足感和自信心,得到家庭和社区的支持;最后的"展望未来,幸福生活"是对小组活动的总结和对退休干部退休生活的规划 |

## 四、理解优势视角理论

优势视角理论见表 1-5 和图 1-3。

表 1-5 优势视角理论

| 理 论 内 容 | 意 义 | 案例（"爷爷奶奶一堂课"公益项目） |
|---|---|---|
| "优势视角"是指社会工作者要立足于发现、寻求、探索及利用自身的优势和资源，协助个体达到目标、实现理想，并面对生命中的挫折和不幸，抵御社会主流的控制。这一视角强调人类精神的内在智慧，认为即便是非常困顿、被社会边缘化的人，也具有内在的转变能力。概括地说，优势视角就是着眼于个人的优势，以利用和开发人的潜能为出发点，协助其从挫折和不幸的逆境中挣脱出来，最终达到目标、实现理想的一种思维方式和工作方法 | 在老年人活动中，应挖掘老年人的优势，协助老年人将关注点从自己的问题和弱点转向自身及环境中可利用的资源，培养老年人识别优势和资源的能力，并树立老年人关于优势和资源的自我认识和自我认可。通过引导老年人用自身优势和资源解决问题，增强其个人问题解决的积极性，帮助老年人达成目标，实现自我价值 | "爷爷奶奶一堂课"是在专业社会工作者的引导与协助下，发动老年人走进校园为小学生讲授一堂课，课程内容涉及历史、人物、文化、风俗、地理五个方面，在弘扬家乡传统文化的同时，让老年人更积极地面对生活。"爷爷奶奶一堂课"围绕老年人参与乡土文化教育这个主题，从而开发与利用老年人所具有的独特生活经验与人生感悟资源 |

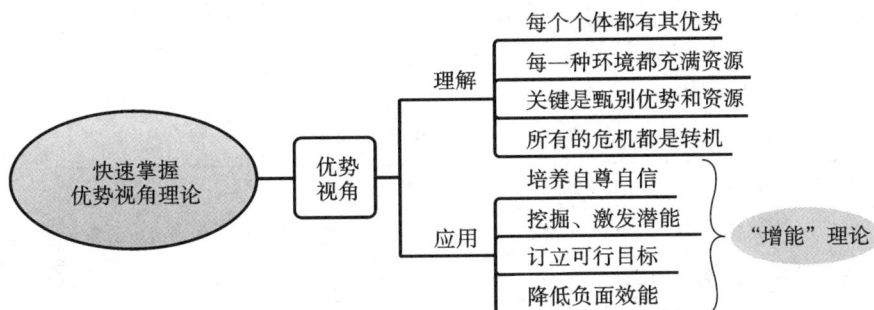

图 1-3 优势视角理论

**实践训练**

1. 近日，一位 83 岁的老年人在网上发帖称，他为方便网络购物，到某银行开通网上银行，但该行以老年人用网银风险大为由拒绝为其开通。这位老年人非常不解和郁闷：银行凭什么剥夺老年人办理网银的权利？老年人欲开网银被银行拒绝，银行的行为是负责还是偷懒？

2. 2014 年 11 月 21 日，某地一名八旬老妪以跳楼的方式结束了生命。记者从出警民警处了解到，该老年人身患重症需要巨额医药费，不愿拖累家人，选择跳楼自杀。

3. 中山市石岐区太平社区成立了老年人义工队——暖心队，暖心队共有 40 多名老年义工，年龄大多处于 50~60 岁，他们按特长和服务内容分成不同的组别，为社区的同龄人提供各项服务。老年义工在向社区老年人提供服务时，由于彼此都是老年人，因此更加聊得来，还可以把积极向上、热爱生活的情绪传递给其他老年人。

问题：请运用老年人活动相关理论分析材料中的案例，并尝试设计相应的老年人活动来满足案例中老年人的需求。

# 任务三　学会运用老年人活动的相关概念

## 子任务一　掌握老年人活动的内涵及作用

### 一、老年人活动的含义

活动是为了达到某种目的而采取的行动。老年人活动是活动的一个分支,指的是以老年人生活为内容形成的活动体系。

老年人活动,顾名思义,是指专为老年人设计或适合老年人参与的各种活动。这些活动旨在满足老年人的身体、心理、社交和生活质量的需求,以帮助他们保持身心健康,丰富晚年生活,并促进代际间的交流与理解。

从身体层面看,老年人活动包括散步、慢跑、打太极拳、做瑜伽等轻度运动,这些活动有助于老年人保持身体活力,增强肌肉力量,提高身体协调性,预防慢性病。

在心理层面,老年人活动包括阅读、写作、绘画、音乐等文化活动,这些活动能够激发老年人的创造力和想象力,帮助他们保持心理健康,缓解孤独和焦虑情绪。

社交活动也是老年人活动的重要组成部分。老年人可以通过参与社区活动、老年大学、志愿者服务等途径,结交新朋友,扩大社交圈子,增强社会归属感。这些活动不仅有助于老年人保持积极的生活态度,还能提高他们的生活质量。

老年人活动的含义见表1-6。

表1-6　老年人活动的含义

| 目的 | 帮助老年人顺利实现全方位的社会适应,获得身心健康 |
|---|---|
| 内容 | 以文艺体育内容为主,辅以社会公益、技能学习、合作交流、志愿服务、互帮互助等内容 |
| 形式 | 表现形式上以娱乐为主,活动形式上户外与室内相结合,组织形式上即时性与延伸性相结合 |
| 功能 | 老年人活动兼具文化、经济价值,是一个地区文化现象与经济内容的载体之一。随着人们老年服务意识的提高,老年人活动的经济载体功能日益彰显 |

### 二、老年人活动的性质

老年人活动的界定:主办者租用、借用或者以其他形式占用场所、场地,举办的老年人群体性活动。

老年人活动的性质顾名思义就是一项有目的、有计划、有步骤地组织以老年人为主体的、众多人参与的社会协调活动。

老年人活动的性质可以从多个维度来阐述,主要包括以下几个方面。

**(一)活动的目的性与计划性**

**1. 目的性**　老年人活动往往具有明确的目的,旨在促进老年人的身心健康、社交互动、情感交流以及实现自我价值等。这些活动往往是围绕老年人的需求和兴趣展开的,如健康讲座、舞蹈课程、手工艺品制作等。

**2. 计划性**　老年人活动通常是有计划、有组织地进行的。活动的主办方会提前规划活动的内容、时间、地点、参与人员等,以确保活动的顺利进行。这种计划性不仅提高了活动的效率,也增强了活动的吸引力和参与度。

**(二)活动的多样性与广泛性**

**1.多样性** 老年人活动的形式和内容丰富多样，既有静态的(如阅读、书法、绘画等)，也有动态的(如舞蹈、打太极拳、跳健身操等)；既有室内的(如手工艺品制作、棋牌游戏等)，也有室外的(如园艺、散步、旅游等)。这种多样性满足了不同老年人的兴趣和需求。

**2.广泛性** 老年人活动的范围广泛，涵盖了文化、体育、娱乐、社交等多个领域。同时，活动的参与对象也具有广泛性，不局限于特定年龄段或身体条件的老年人，而是面向所有有意愿参与的老年人。

**(三)活动的自发性与社会性**

**1.自发性** 许多老年人活动是由老年人自发组织或参与的，他们根据自己的兴趣、爱好和需求来选择合适的活动形式和内容。这种自发性体现了老年人的自主性和积极性，也促进了老年人之间的交流和合作。

**2.社会性** 老年人活动往往具有社会性的特征，即活动过程中需要与他人进行互动和交流。这种社会性不仅有助于老年人建立新的社交网络和支持系统，还有助于缓解孤独和抑郁情绪，提高他们的生活质量和幸福感。

**(四)活动的安全性与健康性**

**1.安全性** 老年人活动在组织过程中会充分考虑安全问题，如场地选择、设施配置、安全保障措施等。同时，主办方也会提供必要的指导和帮助，以确保老年人在活动过程中的安全。

**2.健康性** 许多老年人活动都具有促进健康的作用，如跳健身操、打太极拳、园艺等。这些活动有助于老年人增强体质、提高免疫力、预防疾病等。同时，活动过程中的人际交往和情感交流也有助于老年人的心理健康。

综上所述，老年人活动的性质包括目的性与计划性、多样性与广泛性、自发性与社会性以及安全性与健康性等多个方面。这些性质共同构成了老年人活动的基本特征和价值。

## 三、老年人活动的特点

老年人活动的特点可以归纳为以下几个方面。

**(一)多样性与个性化**

老年人的兴趣爱好各不相同，对于活动的期待也不尽相同。因此，老年人活动具备多样性，涵盖了文化、体育、娱乐、社交等多个领域，如书法、绘画、摄影、跳健身操、跳广场舞、园艺、手工制作、棋牌游戏等。这些活动既满足了老年人的不同喜好，也促进了他们的身心健康和社交互动。同时，每个老年人的家庭情况、人员结构、生活习惯和性格特征又呈现出个体化，使得活动参与过程具有独特的个体色彩。

**(二)社会性与互动性**

老年人活动通常具有强烈的社会性和互动性。在活动过程中，老年人与他人进行互动和交流，建立新的社交网络和支持系统。这种互动不仅有助于缓解老年人的孤独和抑郁情绪，提高他们的生活质量和幸福感，还有助于他们继续发挥社会角色感，增强对社会的归属感和参与感。例如，集体旅游、茶话会等活动能够让老年人之间相互认识，交流感受，增进友谊。

**(三)健康导向与实用性**

老年人活动往往注重健康导向和实用性。随着年龄的增长，老年人的健康状况成为他们关注的焦点。因此,许多活动都旨在促进老年人的身体健康和心理健康,如健康讲座、体检、健步走、打太极拳等。这些活动不仅能够提高老年人的健康意识和科学养生的能力,还能够增强他们的体质和延缓老龄化进程。老年人也注重活动的实用性,他们更看重参与活动所获得的经验是否能够指导生活,带来更多的价值。

### (四)地域性与聚集性

老年人在活动中还表现出一定的地域性和聚集性。他们往往喜欢在特定的场所或空间中进行活动,如公园、广场、社区活动中心等。在这些场所中,老年人可以结伴做操、跳舞、下棋、遛鸟等,具有一定的聚集性。这种聚集性不仅提高了老年人参与公共活动的积极性,还满足了他们与他人交流的心理需求,有利于老年人的身心健康。

### (五)季节性与时间性

老年人的户外活动时间受到季节变化和天气情况的影响。一般来说,春、秋季是老年人户外活动的高峰期,他们喜欢在有阳光的白天进行活动。而夏季和冬季由于气温过高或过低,老年人的户外活动时间会有所减少。同时,老年人的活动频率和时长也因人而异,身体健康的老年人每天会出门多次,活动时间较长;而腿脚不便或身体较虚弱的老年人则活动频率较低,时长较短。

### (六)持续性与可复制性

老年人活动的需求是长期存在的,因此活动方案应具备可持续性和可复制性。通过邀请社区居民、企事业单位等参与,共同承担活动组织的责任和义务,可以确保活动的长期开展。同时,将成功的老年人活动策划方案进行文档化和系统化,形成相关的指导手册和教材,供其他地区或机构参考和借鉴,可以最大限度地发挥策划方案的效益和推广价值。

老年人活动的特点体现在多样性与个性化、社会性与互动性、健康导向与实用性、地域性与聚集性、季节性与时间性、持续性与可复制性等多个方面。这些特点为设计和组织老年人活动提供了重要的参考依据。在设计老年人活动时,需要充分考虑这些特点,确保活动能够满足老年人的需求和兴趣,让他们在参与中享受快乐、保持健康。

## 四、影响老年人参与活动的因素

### (一)生理因素

**1. 生理机能下降**　随着年龄的增长,老年人的生理机能逐渐下降,如心率下降、心输出量减少、肌肉力量减弱、骨骼支撑力下降等。这些因素导致老年人在参与活动时容易感到疲劳和不适,从而限制了他们的活动能力。

**2. 健康状况**　老年人多患有慢性病,如高血压、糖尿病、关节炎等,这些疾病不仅影响了他们的身体健康,还可能导致他们对活动的耐受力下降,增加了参与活动的风险和难度。

### (二)心理因素

**1. 认知能力下降**　随着年龄的增长,老年人的认知能力可能会逐渐下降,如记忆力减退、反应速度变慢等。这会影响他们对新事物的接受能力和对活动的兴趣,导致他们更倾向于保持原有的生活方式,降低参与活动的意愿。

**2. 情绪问题**　老年人可能面临孤独和抑郁等情绪问题,这些情绪问题会进一步降低他们参与活动的意愿和参与度。而家庭成员的支持和理解则会对老年人的心理产生积极影响,从而增强他们参与活动的动力和信心。

### (三)社会因素

**1. 社区和家庭的支持** 社区和家庭的支持程度是影响老年人参与活动的重要因素之一。良好的社区环境和家庭氛围能够鼓励老年人积极参与活动,提高他们的生活质量和社会融入感。相反,缺乏支持和关爱的老年人更容易感到孤独和无助,从而降低参与活动的意愿。

**2. 社会角色的变化** 退休后,老年人的社会角色发生了变化,他们可能从职场中退出,社交圈子变小,感到失落和无所适从。这时,参与老年人活动可以帮助他们重新找到归属感和自我价值。

### (四)环境因素

**1. 活动场地的便利性** 活动场地的便利性是影响老年人参与活动的重要因素之一。如果活动场地距离较远或交通不便,会增加老年人的出行负担和安全隐患,降低他们参与活动的意愿。

**2. 活动内容的适宜性** 活动内容的适宜性也是影响老年人参与活动的重要因素之一。老年人可能更喜欢那些符合他们兴趣和身体条件的活动,如跳广场舞、打太极拳、园艺等。如果活动内容过于剧烈或不适合老年人的身体状况,可能会让他们望而却步。

影响老年人参与老年人活动的因素是多方面的,包括生理因素、心理因素、社会因素和环境因素等。为了提高老年人的活动参与度,我们需要从多个方面入手,为老年人提供更加适宜、安全和有趣的活动选择,同时加强社区和家庭的支持和关爱。

## 五、老年人活动的作用

老年人活动在促进身心健康、增强社交互动、提升生活质量等方面具有显著作用。具体表现如下。

### (一)对身体健康的作用

**1. 增强身体机能** 老年人参与适当的活动,如散步、慢跑、打太极拳等,可以提高心肺功能,增强肌肉力量和柔韧性,延缓身体机能的衰退。这些活动有助于促进血液循环,提高身体的代谢水平,从而维持良好的身体健康状态。

**2. 降低疾病风险** 研究表明,老年人规律参与体育活动可以降低高血压、糖尿病、心血管疾病等慢性病的风险。体育活动还有助于控制体重,降低血糖和血脂水平,提高身体的免疫力,减少疾病的发生。

**3. 预防骨质疏松** 随着年龄的增长,老年人更容易出现骨质疏松。适当的运动可以刺激骨骼生长,增强骨密度,预防骨质疏松和骨折的发生。

### (二)对心理健康的作用

**1. 缓解焦虑和抑郁情绪** 老年人退休后常面临社会角色的转变和社交圈子的缩小,容易产生孤独和抑郁情绪。参与活动可以为他们提供与人交流的机会,增加他们之间的社交互动,从而缓解孤独和抑郁情绪。同时,运动还可以促使身体分泌多巴胺等"快乐"激素,有助于改善情绪。

**2. 提高自信心和成就感** 在活动中,老年人可以展示自己的才华和技能,得到他人的认可和赞赏,从而提高自信心和成就感。这种积极的心态有助于他们更好地面对生活中的各种挑战。

**3. 保持大脑活跃** 参与活动,尤其是参与需要思考和记忆的活动,如棋牌类游戏、手工制作等,可以保持大脑的活跃性,从而预防认知能力下降和老年痴呆。

### (三)对社交的作用

**1. 扩大社交圈子,增加社会支持网络** 活动为老年人提供了一个结交新朋友、扩大社交圈子的平台。通过参与活动,老年人可以结识志同道合的人,共同分享生活的乐趣和经验。

**2. 促进社区和谐** 老年人参与社区组织的活动,有助于增进社区凝聚力与和谐氛围。他们可以凭借自己的经验和智慧为社区建设贡献力量,同时也能感受到社区的关怀和支持。

### (四)对生活质量的作用

**1. 提高生活自理能力** 参与活动有助于老年人保持身体的灵活性和协调性,提高生活自理能力。这对于他们独立生活、减轻家庭负担具有重要意义。

**2. 丰富晚年生活** 活动为老年人提供了多样化的选择,如旅游、文艺表演、志愿服务等。这些活动可以丰富他们的晚年生活,让他们获得更多的乐趣和满足感。

对老年人而言,参与各种活动在促进身心健康、增强社交互动、提升生活质量等方面具有重要作用。因此,我们应该鼓励和支持老年人积极参与各种活动,让他们拥有一个健康、充实、快乐的晚年生活。

## 子任务二 理解老年人活动的伦理原则

在组织和推动老年人活动时,遵循一系列伦理原则至关重要。这些原则不仅体现了对老年人群体的尊重与关怀,也确保了活动的顺利开展与老年人的积极参与。以下是关于老年人活动的主要伦理原则,涵盖尊重与接纳、自主自决权保障、个性化与多样性、不伤害与有益原则、公平与平等对待、沟通与理解重视,以及尊重拒绝与选择权。

### 一、尊重与接纳

**1. 核心要点** 一切活动的出发点应是对老年人的尊重与接纳。这意味着要认识到老年人的独特价值、丰富经验和人生智慧,以平等、友好的态度对待每一位参与者。

**2. 实践建议** 活动组织者应主动了解老年人的需求和偏好,避免歧视性或贬低老年人的言论,营造温馨、包容的活动氛围。

### 二、自主自决权保障

**1. 核心要点** 老年人有权根据自己的意愿和能力决定是否参与活动,以及参与何种类型的活动。这一原则强调了老年人的自主性和自我决定能力。

**2. 实践建议** 活动前应提供详细的活动信息,包括活动内容、时间、地点、安全须知等,让老年人充分了解并自主做出选择。同时,应尊重老年人在活动中的个人选择和决策,避免强迫或诱导。

### 三、个性化与多样性

**1. 核心要点** 老年人的兴趣爱好、身体状况、文化背景等各不相同,因此活动应体现个体化和多样性,以满足不同老年人的需求。

**2. 实践建议** 活动设计应充分考虑老年人的个体差异,提供多样化的活动选项,如文化讲座、手工制作、体育健身、兴趣小组等。同时,鼓励老年人根据自己的兴趣和特长积极参与,展现个人风采。

### 四、不伤害与有益原则

**1. 核心要点** 活动应确保不会对老年人身心造成伤害,并努力为其带来积极、有益的影响。

**2.实践建议** 活动前应进行全面的风险评估,确保活动场所、设施、器材等安全可靠。活动过程中应关注老年人的身体状况和感受,及时调整活动强度和难度,避免过度劳累或受伤。此外,活动应融入健康教育、心理支持等内容,促进老年人的身心健康。

## 五、公平与平等对待

**1.核心要点** 无论老年人的年龄、性别、经济状况、社会地位如何,都应受到公平与平等对待。

**2.实践建议** 活动组织者应秉持公平、公正的原则,为所有参与者提供平等的机会和资源,避免基于任何歧视性标准的排斥或偏袒行为,确保每位老年人都能感受到尊重和关怀。

## 六、沟通与理解

**1.核心要点** 有效的沟通和深刻的理解是建立良好活动关系的关键。活动组织者应重视与老年人的沟通,理解他们的需求和期望。

**2.实践建议** 建立畅通的沟通渠道,定期收集老年人的反馈意见和建议,及时调整活动方案。同时,倾听老年人的心声,理解他们的难处和困扰,给予他们适当的关怀和支持。

## 七、尊重拒绝与选择权

**1.核心要点** 老年人有权拒绝参与不感兴趣或不适合自己的活动,也有权在活动过程中随时做出选择和调整。

**2.实践建议** 尊重老年人的拒绝和选择权,不将个人意愿强加于他们。当老年人表达不愿参与某项活动时,应给予理解和尊重,并为其推荐其他合适的活动选项。同时,在活动中也应尊重老年人的选择权,如是否继续参与、是否需要休息等,确保他们的舒适和安全。

综上所述,遵循以上伦理原则对于组织和推动老年人活动具有重要意义。通过在落实尊重与接纳、保障自主自决权、体现个性化与多样性、坚持不伤害与有益原则、实现公平与平等对待、重视沟通与理解以及尊重拒绝与选择权等方面的努力,我们可以为老年人营造一个更加和谐、友好、积极的活动环境,促进他们的身心健康和社会融入。

→ **实践训练**

1.请用老年人活动内涵中的相关知识点来分析材料中的老年人活动。

(1)2017年11月20日下午,长沙岳麓区岳麓街道阳光社区携手浦发社区银行在阳光壹佰小区举办了夕阳红老年喜乐会,来自社区的近50位老年人参加了活动,活动共设了筷子夹球、投筷入瓶、钓鱼、沙包掷准四个游戏项目,整个活动持续了近两小时。

(2)为了宣扬健康理念,弘扬中华民族传统美德,大力营造全社会尊老敬老的氛围,由宣城市老龄委、宣城市广播电视台、华信药业北大富硒康雪源康公司联合举办的健康老年人评选系列活动——"健康老年人送戏曲进郎溪"在栖凤园广场隆重开演。活动现场选送了老年人喜闻乐见的戏曲节目,精彩的戏曲表演在皖南花鼓戏《送香茶》中正式拉开帷幕,活动现场群众欢歌笑语,节目精彩纷呈。演员们精湛的表演博得了群众的阵阵掌声,让人们在欣赏精彩演出的同时,也感受到了一种健康快乐的生活方式,活动得到了市民的一致好评。

2.以下材料中的老年工作者遵循了哪些伦理原则?

小宋在开展老年人活动时接待了一名60多岁、听力有问题的老年人。由于小宋事先不了解该老年人的听力有问题,因此在与老年人的沟通中轻言细语,导致老年人不耐烦地大吼起来,怪罪小宋说话太小声。小宋不仅向老年人道歉,而且还继续向老年人提供服务。

# 任务四　掌握老年人活动分类沟通技巧及开展技巧

### 子任务一　掌握老年人活动的分类

老年人活动的分类见表1-7。

表 1-7　老年人活动的分类

| 依据 | 类别 | 内容 |
|---|---|---|
| 活动适合的人群 | 高龄老年人活动 | 这类活动一般面向80周岁以上、年老体迈的老年人。活动主要以活动量较少的游戏、言语性的交谈、静养、文化创作等形式开展,也包括带领有肢体功能障碍的老年人进行功能补偿的康复运动 |
| | 中龄老年人活动 | 这类活动一般面向70~80周岁、活动能力尚可、无肢体功能障碍的老年人。这类活动的活动量可比高龄老年人的活动量稍大,活动范围也更广,大多为户外或室内的安全系数较高的综合性活动,如爬山、短途旅游等活动 |
| | 低龄老年人活动 | 这类活动主要面向70周岁以下的老年人,这类老年人体力、精力仍然比较充沛,除一些需要强体力的活动外,一般活动都可以参加 |
| | 患病老年人活动 | 针对这部分老年人,开展活动时可以结合老年人的身体状况,尽量通过活动维持其现存的生理机能,并争取恢复部分受限的功能。例如,面对偏瘫老年人,可以借助一个带线的足球,让其用手抓住线,然后用脚踢足球,并左右手交换,这样有助于维持和恢复四肢功能。可以借助器具开展此类活动 |
| 活动的功能 | 学习型活动 | 参加有组织的学习,如上老年大学和各类老年辅导班 |
| | 社会工作型活动 | 参加社会性的义务活动,如义务植树、义务执勤、打扫公共卫生;社会活动,如工会活动、学术团体活动等 |
| | 参与大众媒介型活动 | 如阅读书报杂志,看电视、电影,听广播等 |
| | 社会交流型活动 | 在户内或户外与人交流和互动,如闲聊、聚会等 |
| | 传媒体育型活动 | 如看文艺演出、进行体育健身、欣赏音乐会、游玩、跳舞、散步等 |
| | 娱乐型活动 | 如下棋、打扑克等 |
| | 创作型活动 | 如利用闲暇时间进行学科发明创造、理论创作、理论研究等 |
| 活动主体能动性的发挥程度 | 消极休息型活动 | 如独坐静卧、闭目养神等 |
| | 积极被动型活动 | 如观看比赛、表演等 |
| | 消极被动型活动 | 如睡懒觉等 |
| | 积极能动型活动 | 如参加比赛、表演、俱乐部,学习等 |
| | 消极能动型活动 | 如赌博等 |

续表

| 依据 | 类别 | 内容 |
|------|------|------|
| 活动的性质 | 治疗型活动 | 这类活动主要以小组活动形式开展,主要由工作人员组织一系列的活动,旨在对老年人在认知和行为上存在的问题进行矫正、治疗。比如,针对抑郁症复发的老年人,可引导其加入一个小组,目的是帮助他们识别引发抑郁症的因素,并找到能帮助他们缓解悲伤情绪的方法 |
| | 发展型活动 | 这类活动主要是参与者通过参加活动来习得一定的处理问题的能力,参与者自身获得成长,从而更好地适应周围的环境。如在老年人中搜集和寻找留下时代印记的物品、照片、报纸图片、故事、图书等,利用怀旧角之老照片展、怀旧角之"古董"展、怀旧角之"过去的故事"讲述比赛、怀旧角之童年的游戏等多种形式,同时合理穿插今昔对比的内容,对今日的城市风貌、现代的电脑游戏和数码产品等内容加以介绍,使怀旧不仅成为交流互动的平台,也成为老年人重新认识自我、肯定自我、了解新生活、重整生命经验的舞台 |
| | 支持型活动 | 这类活动主要以小组活动形式开展,专门用于帮助老年人应对与老年相关的生活转变,如丧偶、患慢性病、变更住所或者是令人困扰的家庭关系等。支持型小组要求个人较为详尽地披露自己的生活并靠小组来获得治疗效果。支持型小组最常见的纽带是成员共同经历的生活事件。不愿意谈论自己的感受或者不愿在亲密圈子外处理个人危机的老年人可能不适合参加支持型小组 |
| 活动的专业性 | 专业活动 | 这类活动主要由社会工作者、康复治疗师等带领,运用专业方法和专业技能开展团体治疗性、发展性的活动,起到治疗、社会支持、娱乐、促进社会交往等作用,如缅怀往事小组、现实辨识小组、动机激发小组等 |
| | 业余活动 | 这类活动的组织者可以是任意一位老年人,或者由社团、单位发起。活动人员本着共同的兴趣、爱好、目标,积极策划、组织、参与活动,主要体现娱乐性、自我满足感、再创造原则 |

总之,不管老年人活动有多少种分类,只要按照以人为本的理念,遵循老年人活动的一些基本原则,不断地摸索和总结经验,每一位老年工作者都能使自己的工作更符合老年人的需求,给他们带来更多的欢乐和喜悦。

## 子任务二 掌握与老年人沟通的技巧

在与老年人交流的过程中,运用恰当的沟通技巧不仅能够增进双方的理解与亲近感,还能显著提升活动的参与度和满意度。以下是在与老年人沟通时应当遵循的八大技巧,旨在帮助活动组织者及老年工作者更好地与老年人建立联系。

**1. 耐心倾听需求**

(1)要点阐述:倾听是沟通的基础。在与老年人交流时,应给予他们足够的时间来表达自己的想法和需求,避免打断或急于给出回应,对老年人展现出真正的兴趣和理解,让老年人感受到被尊重和重视。

(2)实践建议:保持眼神接触,点头表示认同,用简短的话语如"嗯""然后呢"来鼓励老年人继续讲述。

**2. 温和清晰表达**

(1)要点阐述:使用温和的语气和清晰的语言进行沟通,有助于老年人更好地理解交流内容。避免使用复杂的专业术语或方言,确保信息传递准确且无障碍。

(2)实践建议:语速适中,语调平和,对于重要的信息可以适当重复或更换表述方式,以确保老年人能理解。

**3. 尊重个人习惯**

(1)要点阐述:每个人都有自己的生活习惯和偏好。在与老年人交流时,应尊重他们的个性特点和行为方式,不要强加个人意愿或评判其生活方式。

(2)实践建议:了解并适应老年人的生活习惯,如尊重他们的作息时间、饮食偏好等,展现出包容和尊重。

**4. 简化语言内容**

(1)要点阐述:随着年龄的增长,老年人的记忆力、理解力可能有所下降。因此,在沟通时应尽量简化语言和内容,避免使用冗长或复杂的句子。

(2)实践建议:使用简短、直接的句子来表达想法和指令,必要时可以辅以图示或实物来帮助老年人理解。

**5. 适度肢体交流**

(1)要点阐述:适当的肢体接触和表情可以增强沟通的效果。在与老年人沟通时,可以通过握手、拥抱等肢体动作来表达友好和关心。

(2)实践建议:注意肢体交流的适度性,避免过于亲密或冒犯的行为。同时,利用面部表情和肢体语言来辅助言语表达,让老年人更好地感知言语背后的情绪和态度。

**6. 共情理解情感**

(1)要点阐述:共情是理解他人情感的重要能力。在与老年人沟通时,应尝试站在他们的角度思考问题,理解他们的情感和需求。

(2)实践建议:表达对老年人情感的认同和支持,如对他们经历的肯定、对他们现状的理解等。通过共情来拉近彼此的距离,建立更加紧密的关系。

**7. 鼓励参与分享**

(1)要点阐述:老年人拥有丰富的人生经验和阅历。在活动中,应鼓励老年人积极参与分享和交流,让他们感受到自己的存在感和价值。

(2)实践建议:设计一些适合老年人分享的环节,如故事讲述、经验分享等。适当引导和鼓励,让老年人自信地表达想法和感受。

**8. 关注非言语信号**

(1)要点阐述:非言语信号如肢体语言、面部表情等往往能传达出比言语更丰富的信息。在与老年人沟通时,应关注这些非言语信号,以更全面地理解他们的情感和需求。

(2)实践建议:注意老年人的面部表情和肢体语言变化,如微笑、皱眉、点头等。这些非言语信号可能透露出他们的真实情感和态度。同时,通过自己的非言语行为来传达友好和尊重的信号,如微笑、点头等。

与老年人沟通需要建立在耐心、尊重和理解的基础上。通过运用上述沟通技巧,我们可以更好地与老年人建立联系,促进活动的顺利开展和老年人的积极参与。但实践过程中会有一些特殊情况的老年人参与,下面我们将老年人情况分为三大类,具体学习与老年人沟通的技巧。

①同听力受损老年人沟通的技巧。

a. 面向老年人，发音清晰。

b. 站在光线好，背景噪声小的地方讲话。

c. 慢慢地讲，一字一句地讲清楚。

d. 避免把手放在嘴上，避免吃东西或咀嚼。

e. 运用面部表情或手势给老年人提供有用的信息。

f. 必要情况下可以重新组织表达方式。

g. 有耐心，保持正面、放松的态度。

h. 询问老年人怎样才能更好地帮助其理解沟通内容。

i. 在公众场合，请使用麦克风。

②同视力受损老年人沟通的技巧。

a. 询问什么方式能帮助到老年人。

b. 进门的时候告知老年人自己的姓名。

c. 告诉老年人房间的布局并介绍屋子里的人。

d. 沟通的时候要面向对方。

e. 带老年人熟悉新环境。

f. 移动东西的时候先让老年人知情。

g. 要离开的时候告知老年人。

h. 让老年人知道是否还有其他人留在房间内。

i. 确保光线充足。

j. 减少晃眼的光线或反射光。

k. 避免老年人眼睛受到过度刺激。

③与其他老年人沟通的技巧。

a. 主动：部分老年人比较被动，自信心低，对人有戒心，要积极主动去接触老年人，使他们感到被关心。

b. 态度：要和蔼可亲，平易近人，脸上常带微笑，以坦诚的态度与其交往，让老年人感受到亲切和真挚的关心。

c. 位置：不要让老年人抬起头或远距离交流，避免让老年人感觉难以亲近，应该近距离、弯下腰去与其交谈。

d. 用心交流：眼睛要注视老年人的眼睛，视线不要游走不定，避免使其觉得未受关注，同性间可以握着对方的手交谈。

e. 语言：说话的速度要相对慢一些，语调要适中，若老年人存在听力障碍，则须大点声，但还需根据老年人的表情和反应，去判断其需求。

f. 了解情况：要了解老年人的脾气和喜好，可以事先打听或在日后的相互接触中进一步了解。

g. 话题选择：要选择老年人喜爱的话题，如家乡、亲人、年轻时的事、电视节目等，避免老年人不喜欢的话题，也可以先多说自己，与老年人建立信任后再展开别的话题。

h. 真诚的赞赏：人都渴望自己被肯定，老年人也喜欢被表扬、夸奖，所以，要真诚、慷慨地多赞美，老年人高兴后谈话的气氛就会活跃很多。

i. 应变能力：万一有事谈得不如意或老年人情绪有变，尽量不要劝说，先用手轻拍对方的手或肩膀以示安慰,稳定其情绪后转移话题。

j.有耐心:老年人一点事说很久的时候,不要表现出任何的不耐烦,要耐心地去倾听。

# 子任务三　掌握老年人活动开展的技巧

## 一、老年人活动开展的基本原则

社会的老龄化趋势日益显著,为老年人组织丰富多彩的活动,不仅有助于提升他们的生活质量,还能促进他们的身心健康和社会融入。为了确保这些活动能够安全、有效地进行,以下是老年人活动开展时应遵循的基本原则。

**1. 安全第一**

(1)核心要义:在任何活动中,保障老年人的安全都是首要任务。这包括活动场所的安全性、设施设备的稳固性、活动内容的适宜性以及紧急应对措施的完善性。

(2)实践指南:活动前应进行全面的安全检查,确保无安全隐患;活动中应有专人负责安全监督,及时处理突发情况;活动全程应为老年人提供必要的安全指导和防护措施。

**2. 循序渐进**

(1)核心要义:老年人的身体状况和体能水平各异,活动设计应遵循循序渐进的原则,从低强度、低难度的内容开始,逐步增加难度和强度。

(2)实践指南:根据老年人的实际情况制订个性化的活动计划,避免一开始就进行高强度或高难度的活动;在活动中注意观察老年人的反应和身体状况,适时调整活动内容和强度。

**3. 持之以恒**

(1)核心要义:持之以恒是保持活动效果的关键。老年人活动应形成常态化的机制,确保老年人能够长期参与并从中受益。

(2)实践指南:制订长期的活动计划,并坚持执行;通过定期举办活动、建立活动小组等方式,激发老年人的参与热情和积极性;关注老年人的反馈和需求,不断优化活动内容和形式。

**4. 适度放松**

(1)核心要义:活动过程中应注重使老年人的身心放松,避免过度劳累和紧张。适度的放松有助于缓解压力、恢复体力,提高活动效果。

(2)实践指南:合理安排活动时间和休息时间,确保老年人有足够的休息和恢复时间;在活动中穿插轻松愉快的环节,如音乐、舞蹈、游戏等,营造轻松愉悦的氛围。

**5. 个性化选择**

(1)核心要义:尊重老年人的个人兴趣和需求,提供多样化的活动选择,让老年人能够根据自己的喜好和身体状况选择适合自己的活动。

(2)实践指南:了解老年人的兴趣爱好和身体状况,设计多样化的活动方案;提供活动菜单或指南,让老年人能够自主选择参与的活动;鼓励老年人提出自己的意见和建议,不断完善活动内容和形式。

**6. 身心并重**

(1)核心要义:老年人活动应兼顾生理健康和心理健康两个方面,通过活动促进老年人的身心全面发展。

(2)实践指南:设计既能锻炼身体又能愉悦心情的活动内容,如打太极拳、跳舞、园艺等;在活动中融入心理健康教育元素,如情绪管理、压力应对方法等;关注老年人的心理健康状况,及时提供必要的心理支持和帮助。

**7.鼓励参与**

(1)核心要义:通过积极的引导和鼓励,激发老年人的参与热情,调动其积极性,让他们在活动中找到归属感和成就感。

(2)实践指南:采用多种方式宣传和推广活动,如海报、宣传册、社交媒体等;为老年人提供必要的帮助和支持,如接送服务、活动指导等;对积极参与活动的老年人给予奖励和表彰,增强他们的自信心和荣誉感。

**8.教育融入**

(1)核心要义:将教育元素融入老年人活动中,通过活动传递知识、技能和价值观,提升老年人的综合素质和生活品质。

(2)实践指南:设计具有教育意义的活动内容,如健康讲座、文化沙龙、技能培训等;邀请专业人士为老年人提供指导和帮助;鼓励老年人之间互相学习和交流经验,形成积极向上的学习氛围。

综上所述,老年人活动开展时应遵循安全第一、循序渐进、持之以恒、适度放松、个性化选择、身心并重、鼓励参与和教育融入等基本原则。这些原则不仅有助于确保活动的安全性和有效性,还能促进老年人的身心健康和社会融入。

## 二、老年人活动开展的具体技巧

老年人活动开展的具体技巧见表1-8。

表1-8 老年人活动开展的具体技巧

| | | |
|---|---|---|
| 活动前 | 准备充分 | 工作人员事先要有周密的考虑,包括语言的运用、活动类型的选择、让大家互相熟悉的方式等。在活动策划阶段,可征求老年人的意见,以确定一个鲜明的活动主题。由于老年人事先参与了活动主题的确定,一般会对后续的活动表现出浓厚的兴趣,具有较高的参与度。但老年人可能会忘记要来参与活动,所以在活动前,仍然要一对一地邀请老年人参加,同时在显眼的地方张贴活动海报。海报要绚丽多彩,字大饱满,内容简明,让老年人容易看清读懂。活动要使老年人感到轻松自然、愉快开心 |
| 活动中 | 讲解清晰 | 在讲解活动规则、演示游戏内容时一定要缓慢、清晰、大声,使用易识别的文字和图片,要确保每个老年人都明白规则。活动中穿插的小游戏一定要简单有趣,既能调动活动的气氛,又要简单易学,避免老年人因做不到而感到沮丧 |
| | 赞赏老年人 | 不失时机地赞赏老年人的能力,赞赏是真诚的鼓励,而不是夸大的言辞或奉承。赞赏可增强老年人的自信心,特别是对主动发言的老年人或克服困难完成某些小活动的老年人给予适当的赞赏,对增强其自信特别有效,赞赏也能很好地调动其参加下次活动的积极性。<br>对于一些性格比较内向的老年人,可以请他们帮助工作人员通知其他小组成员参加活动,活动前负责签到、点名,在活动中多给予发言和表现的机会等。对于一些在活动中违反规则或干扰活动正常开展的老年人,工作人员应加以引导,以保证活动的顺利进行 |
| | 关注老年人 | 工作人员要关心每一个老年人对活动的感受,若发现一些老年人对活动反应冷淡,要适当调整活动,以避免冷场 |

续表

| 活动中 | 协助老年人表达感受 | 在活动中,工作人员应协助老年人表达对活动的感受,以从中发现问题,总结经验,使后续开展的活动更符合老年人的兴趣爱好。这种感受的表达,可以是口头上的,也可以是文、图上的,如可以请老年人把参加活动的感受写在纸上,或把活动中印象最深刻的人和事物画下来。工作人员把老年人的感受收集起来,做一个展板,这样既可以让参与者获得归属感和成就感,也可以为活动做宣传,从而更好地吸引未参与者的注意,提高活动的参与率 |
|---|---|---|
| 活动后 | 活动评估 | 以面谈或问卷调查的方式展开评估,活动评估对开展活动的意义重大,可以为下次开展此类活动提供资料和经验,这一过程要重视老年人的主观评价 |

→ 实践训练

1.到相关老年人机构与不同类型的老年人进行沟通。

2.到相关老年人机构尝试开展老年人活动。

# 了解老年人活动策划与组织

## 任务一　了解老年人活动策划的基本概念

### 一、了解老年人活动策划的含义

任何活动都有其相应的节奏和流程,应予以妥善的计划和安排。活动过程中的所有细节事先都需要进行计划,尽量安排得井井有条,前期计划安排得合理和得当,可为后续活动的开展提供坚实的基础。

活动策划的含义可以概括为:在现代社会活动中,为了达到特定的预期目标,运用科学方法,结合系统规划和创造性思维,对目标对象生存和发展的环境因素进行分析,组合和优化配置资源,而进行的调查、研究、分析、创意、设计并制订行动方案的行为。具体来说,活动策划的核心定义包括以下三个方面。

（1）目的导向:活动策划以达成特定的预期目标为核心,这些目标可以是品牌推广、产品销售、社会公益等。

（2）科学方法:运用科学方法,包括市场调研、数据分析等,来指导策划过程。

（3）资源配置:对现有资源和可开发利用的资源进行组合和优化配置,以支持活动的顺利开展。

由此可见,对活动进行精心的统筹安排是活动成功举办的前提保证,通过活动策划,人们可以分清轻重缓急,并将活动的结束时间以及各项工作的时间要求等安排得恰到好处。活动策划不仅是老年人活动顺利开展的必要条件,更是老年人活动各个环节顺利进行的意见指导书。一份可执行、可操作、创意突出的活动策划案,可有力保障活动目标有效完成,对活动开展后老年人的满意度以及企业或机构的品牌声誉都有着积极意义。

老年人活动策划是对老年人活动组织行为的一种预先筹划,是指运用科学方法,结合系统规划和创新思维,针对老年人群体的特定需求与兴趣,设计并实施的一系列有益于其身心健康、社会交往和文化娱乐的活动。这些活动旨在提升老年人的生活质量,增强他们的幸福感和社会归属感。它包括对老年人活动目标的设定、活动内容的分析、活动过程的安排和调整、活动评估等。

我们可以从以下五个方面的特点来进一步了解老年人活动策划的含义。

#### （一）适用性

老年人活动策划是对老年人群体活动所做的决策,因此活动策划应具有适用性,所有活动形式和内容必须要符合老年人群体的真实需求,以贴合他们的生理和心理情况。

## （二）整体性

老年人活动策划无法脱离老年人群体以及企业或机构的整体战略而独立存在,否则无论这个活动策划得多么优秀,都不会有实际效果。如果活动策划与老年人群体的真实需求、企业或者机构整体战略背道而驰,那么结果只会适得其反。

## （三）科学性

活动策划是一门系统的思维科学,要求审时度势、定位准确、把握各种资源。在进行活动策划时,必须对企业或机构自身与外部环境做出详细调查与分析,否则活动策划就会变成空中楼阁。

## （四）目的性

活动策划要设定活动目标,也就是企业或机构希望达到的预期目标,如促进老年人的身心健康、提高老年公寓的销售率等,并将这些目标进行量化表述。如果活动策划没有活动目标,那么活动本身也就失去了意义。

## （五）创新性

创意是活动策划的灵魂,一味模仿他人而无创新发展,活动策划就会失去生命力。

# 二、理解老年人活动策划的理念

策划理念是策划过程中所要追求的理性、系统的概念。老年人活动策划理念,就是策划过程中所要追求的理想目标和思考方法,是指导我们进行老年人活动策划的方针、纲领和基础。

## （一）理念是老年人活动策划的灵魂

理念的形成一方面基于策划者对老年人群体的深刻理解,以及对中国传统文化的准确把握;另一方面基于策划者对现实生活和老年人活动发展趋势的准确判断。它把握着活动策划的方向,渗透于活动策划的各个环节,是活动策划的灵魂。

## （二）理念贯穿于老年人活动策划的全过程

理念把各种点子、创意、想法、念头有机地组合起来,渗透于老年人活动的形式和内容策划的各个环节中,也贯穿于老年人活动的组织、实施和善后工作的全过程,理念是老年人活动策划的纲要。

## （三）老年人活动策划的核心理念

**1.和谐理念**　老年人活动策划的核心理念即"和谐"。中国传统文化提倡天人合一,以和为贵,本质上就是和谐。目前,我国正致力构建和谐社会,讲的是个人自身的和谐,人与人之间的和谐,社会各系统各阶层的和谐,个人、社会与自然的和谐,整个国家与外部世界的和谐。在这五个和谐中,最重要的是人与人之间的和谐。

活动策划中的和谐理念,主要指活动策划的各环节之间搭配协调、活动内容与主题协调、活动内容与参与人员协调,以及活动组织过程中各环节之间能够协调等。从老年人活动的本质来看,组织活动以促进老年人的社会适应,这本身就存在和谐的重要意义。老年人活动的对象就是老年参与者本身,活动中产生的幸福快乐可供老年人分享,激发老年人的热情,促进了个人与群体、个人与自然、群体与自然的和谐关系。独乐乐不如众乐乐,在活动策划上就要体现同舟共济、团队合作、群策群力等人文精神。同时,老年人活动还可以成为体现地方文化、风土人情的重要载体。

**2.人本理念**　人本就是以人为本。老年人活动的目的要体现对老年人的关怀。人是活动举办过程中最活跃的因素,以人为本包括了以下三方面的内涵:①活动参与者的意愿和诉求,应充分听取和了解委托机构和老年人的意见和想法;②活动能够吸引、方便更多人参与其中;③老年人活动要符合人们的审美需求。

### 三、遵循老年人活动策划的原则

老年人活动策划因其专业、烦琐、涉及面广的特性,难度较大。因此,要想活动策划顺利进行并取得成功,在策划老年人活动时,必须遵循一系列核心原则,以确保活动既符合老年人的实际需求,又能促进他们的身心健康和社会交往。以下是老年人活动策划的八大原则。

**1. 安全第一**

(1)原则阐述:安全是老年人活动策划的首要原则。活动组织者需对活动场所、设施、设备进行全面检查,确保无安全隐患。同时,制订详尽的安全预案,以应对可能的突发情况。

(2)实践应用:选择平坦、无障碍的场地,确保老年人行动便利;配备专业的医疗救护团队和急救设备;在活动前对老年人进行安全教育,提高他们的安全意识。

**2. 健康为本**

(1)原则阐述:活动设计应充分考虑老年人的身体健康状况,避免过于剧烈或不适宜的运动,确保活动能够促进老年人的身心健康。

(2)实践应用:设计适合老年人身体条件的运动项目,如打太极拳、散步、跳轻柔的舞蹈等;安排健康讲座,普及养生知识;提供营养均衡的餐饮服务。

**3. 兴趣导向**

(1)原则阐述:活动应围绕老年人的兴趣爱好展开,以激发他们参与的热情和积极性。

(2)实践应用:通过调研了解老年人的兴趣所在,设计符合他们喜好的活动内容;鼓励老年人分享自己的兴趣爱好,形成共同话题和交流圈。

**4. 社交互动**

(1)原则阐述:老年人活动策划应注重促进老年人之间的社交互动,帮助他们建立新的友谊和联系。

(2)实践应用:设计团队合作游戏、分享会等互动环节;鼓励老年人参与社区志愿服务,增强其社会责任感;定期举办聚会或庆祝活动,增进彼此间的了解和感情。

**5. 循序渐进**

(1)原则阐述:活动难度和强度应循序渐进,避免给老年人带来过大的生理和心理压力。

(2)实践应用:根据老年人的身体状况和适应能力,逐步增加活动难度和强度;提供个性化的指导和帮助,确保每位老年人都能在活动中获得成就感。

**6. 尊重个性**

(1)原则阐述:每个老年人都是独一无二的个体,活动策划应尊重他们的个性和差异。

(2)实践应用:提供多样化的活动选择,满足不同老年人的需求;关注老年人的个人经历和故事,鼓励他们分享和表达;在活动中给予老年人充分的自由和空间,让他们按照自己的意愿参与。

**7. 持续优化**

(1)原则阐述:活动策划是一个持续优化的过程,需要不断总结经验教训,改进活动方案。

(2)实践应用:收集活动参与者的反馈意见,了解他们的真实感受和建议;定期评估活动效果,分析存在的问题和不足;根据评估结果和反馈意见,及时调整和优化活动方案。

### 8.营造氛围

（1）原则阐述：活动氛围对于老年人的参与体验和感受至关重要，应营造温馨、和谐、积极向上的氛围。

（2）实践应用：通过布置活动场地、播放背景音乐、设置欢迎标语等方式，营造温馨舒适的环境；组织志愿者为老年人提供热情周到的服务；鼓励老年人之间相互帮助和支持，形成积极向上的氛围。

综上所述，老年人活动策划应遵循安全第一、健康为本、兴趣导向、社交互动、循序渐进、尊重个性、持续优化和营造氛围八大原则，以确保活动能够真正满足老年人的需求，促进他们的身心健康和社会交往。

## 四、掌握老年人活动策划者应当具备的素质

老年人活动策划要素中最重要的是活动策划者，活动策划者是老年人能否在自由、独立自主地进行互动交流的情景下，进行活动体验的灵魂人物，也是引导老年人活动达到期望目标的主要推动者。

老年人活动策划者必须尽可能了解和掌握当今社会发展的新理论、新技术，努力让自己成为复合型的具有强烈创新意识、敬业精神的高级人才，要对信息有高度的敏感性，做一个有思想的社会人、经济人、文化人。综合性素养要求策划人必须具有丰富的阅历、深厚的功力（理论基础）、睿智的头脑、锐利的眼光，且具备较强的文案写作能力、外语表达能力、计算机应用能力，熟悉相关法律法规等。

### （一）老年人活动策划者的思想素质

"创意"不仅是活动的灵魂，更是社会发展进步的要素。有了一个好的创意，活动便会事半功倍。老年人活动策划者开展的活动能被老年人及其家属等相关人士所接受并认可，离不开合理的安排、精心的设计、巧妙的构思。因此，建立一种清晰合理、开拓创新的思维轨迹是办好老年人活动的基础。创意思路的优劣，主要区别在于思维方式的不同，具有"灵感"的活动常常带着时代的气息与强大的生命力。正确地定位活动需要做到以下几点。

**1.正确分析活动的目的、宗旨**　一切活动的开展都有其特定的目的，需求是创意构思的定位，活动只有满足了广大老年人的需求，才会出现积极、温馨、健康的局面。所以，对活动进行定位时首先要知道活动面向的对象是谁，通过活动能满足他们什么需求或者能让他们得到什么样的锻炼和收获。由此出发，保证了活动的意义和目的，并可激发思维，进一步思索如何去筹备活动。

**2.创新意识**　创新意识是突破活动原有模式并进一步开拓前进的有力武器。老年人相关的活动有很多，也有很多成为企业或者机构的精品活动，要想进一步激发这些精品活动的活力，需要策划者在传承的基础上"与时俱进"，不断地丰富活动内涵和增加自身文化的沉淀。创新思维源于灵活、开放的思路，这就要求活动策划者努力学习，扩大知识面，从而使自身创造性思考的能力常思易新。

同时，创新也要求活动策划者利用一切可利用的方法对之前所举办的活动进行细致全面的分析、整合、研究，即"以史为鉴，以史为机"，从而产生新的创意。创新意识不仅有助于活动的优化设计，还能激发老年人对活动的热情，提高其参与的积极性，从而有效实现开展老年人活动的预期目标。

### （二）老年人活动策划者的专业素质

古人云：术业有专攻。一个活动从筹备到实施也需要"专业素质"，这种专业称为策划活动

的本领,在进行老年人活动策划时可以从以下几个方面提高自身的专业素质。

**1. 心思缜密,统领全局** "细节决定成败",细节是一个优秀活动策划者必须注重的方面。任何事情从量变到质变都不是一个短暂的过程,如果没有持之以恒,具有做好每一个细节的务实精神,就达不到"举重若轻"的境界。

活动的基本程序一般人都能想到,但如果忽视其中的细节或者细节处理不当,就会造成冷场甚至影响活动的正常进行。老年人活动可因细节问题发生多种状况,比如因为没有暖场节目而迫使活动"中场休息";因为没有评分标准而使评委感到茫然;因为投影仪、音响设备或电脑的故障而使活动不能顺利进行。虽然不可能使每次活动都万无一失,但只要用心去做,一定可以做得更好,因而缜密的思维是使活动尽可能少地出现失误的保证。事实证明,高质量的活动都是注重细节的,而其活动策划者也一定是心思缜密的人。

**2. 语言、文字表达能力** 一个好的创意或一个优秀的活动策划方案,最终要靠语言和文字的表达才能被他人所接受和执行。在整个活动流程中,活动策划者充当的是"导演"兼"编剧"的角色,因而思维能力、表达能力,以及声调、肢体语言以及表情的搭配和基本文书书写能力就显得尤为重要。

较强的语言表达能力为良好的沟通架起了桥梁,也为活动的成功奠定了基础。语言的简明、连贯、得体是培养语言表达能力的基础和核心。相较于语言表达能力,过硬的文字表达能力一方面可使活动的设计更加有序合理,另一方面也能通过文字记录活动的整个过程来积淀机构或组织文化,从这个意义上讲文字表达能力更加重要。

**3. 组织管理能力** 优秀的"导演"还应具备较强的组织管理能力。活动所涉及的活动宣传、节目彩排、会场布置、物品筹备、邀请嘉宾等工作,不可能靠一个人来完成,这就要求活动策划者具备较强的组织管理能力,能合理地分配时间、合理地调配人员、妥善地管理物品,特别是在用人上要扬长避短,合理运用。

用人贵在"才取其长,用当所宜"。只有扬长避短,科学安排,合理运用,才能使每个成员的特长最大限度地发挥出来,调动其积极性,使其工作起来得心应手,勇于开拓。另外,要对成员充分信任,做到"用人不疑,疑人不用",对所有成员一视同仁,公正对待,不能厚此薄彼。总之,较强的组织管理能力有助于活动程序按步骤、有条理地进行。

**4. 协调和沟通能力** 协调和沟通,一方面是指在工作中与本部门之外的人员进行交流,从而获得帮助、支持或关注;另一方面是指在本组织内部对人员工作及时检查和反馈。有力的协调和沟通能在活动中及时"纠偏",从而保证了决策的正确性。例如,策划的某项活动经费预算大大超过了承受能力,此时就需要与行政部门进行沟通,以获得帮助。又如,在内部工作中,因特殊原因原有岗位的工作人员缺席,此时就需要协调其他人员补充该岗位,否则就会影响整个进程。

**5. 良好的工作作风**

(1)雷厉风行,勤奋务实:一切策划最终都要靠行动来完成,在行动上应做到雷厉风行,勤奋务实。如果在工作中拖沓、懒散、不实干,势必会影响活动的进程或者阻碍一个好活动的诞生。

(2)讲求民主,集思广益:活动策划和组织需要一个战斗力强、充满人性化的团队来执行,因而必须讲民主,只有讲民主,才能碰撞出思想的火花。拿一个思想与别人交换,会得到双份思想。如此不断地聚合集体的智慧,活动必然丰富多彩。此外,讲求民主、集思广益也是树立个人威信的有效途径,活动策划者若具备了这样的工作作风,更能得心应手地开展工作。

**(三)老年人活动策划者的心理素质**

良好的心理素质是人格魅力的重要体现,也是活动策划者必须具备的素养。马克思主义哲学认为,"物质决定意识,意识对物质具有能动的反作用",这种反作用既会促进客观事物的发展,也会阻碍其发展。因而,良好的心理素质显得尤为重要,除了积极乐观的心态外,老年人活动策划者要做到以下四点。

**1. 同理心与关怀和尊重**

(1)同理心:老年人活动策划者需要具备强烈的同理心,能够深入理解并感受老年人的需求和情感。这有助于策划者设计出更加贴近老年人心理需求的活动,从而增强活动的吸引力和参与度。

(2)关怀和尊重:在活动策划和执行过程中,策划者应始终保持对老年人的关怀和尊重。这体现在活动的细节上,如选择适合老年人的活动场所、安排合理的时间段、提供舒适的环境等。

**2. 耐心与细心**

(1)耐心:老年人在参与活动时可能行动不便或反应较慢,策划者需要有足够的耐心来引导和帮助他们。耐心还体现在对老年人问题的解答上,策划者应耐心倾听并给出恰当的回应。

(2)细心:活动的成功往往取决于细节的处理。策划者需要细心考虑活动的每一个环节,确保活动的顺利进行。同时,细心观察老年人的反应和需求,及时调整活动内容和形式。

**3. 灵活性与创新性**

(1)灵活性:老年人在参与活动时可能受到各种因素的影响,如身体状况、家庭事务等。策划者需要具备灵活性,能够根据实际情况调整活动计划,确保活动的顺利进行。

(2)创新性:随着社会的发展和老年人需求的变化,活动策划者需要不断创新,设计出新颖、有趣且符合老年人心理需求的活动。这有助于吸引更多的老年人参与活动,提高活动的质量和效果。

**4. 情绪管理**

(1)自我调节:活动策划者需要具备良好的情绪管理能力,能够在面对困难和挑战时保持冷静和乐观。这有助于策划者更好地应对活动中的突发情况,确保活动的顺利进行。

(2)积极影响:策划者的情绪状态会直接影响活动的氛围和效果。因此,策划者需要保持积极向上的情绪状态,用乐观、热情的态度感染老年人,营造轻松愉快的活动氛围。

**(四)老年人活动策划者的科学文化素质**

从事老年人策划工作的人员都应拥有比较完备的科学文化素质并具备较强的自学能力,从而为后续行动打下坚实的基础。老年人相关的专业知识和较为典型的老年人活动案例,对举办活动有重要的指导和借鉴意义,因而学好科学文化知识对活动策划者十分有益。

学好科学文化知识有助于活动策划者全身心地投入工作中。处理好学与工作之间的关系是每一位活动策划者必须具备的素质。

**(五)老年人活动策划者的关键角色**

活动策划者在组织老年人活动的策划与拓展等方面是关键性角色。所以活动策划者应扮演好以下角色,才能成为老年人活动的关键人物。

**1. 需求洞察者** 活动策划者首先需要成为老年人需求的洞察者,深入了解老年人的兴趣爱好、身体状况、心理需求以及社交需求,以便策划出符合老年人期望的活动。活动策划者可以通过问卷调查、访谈、座谈会等方式,收集老年人的意见和建议,确保活动内容与老年人的实际需求相匹配。

**2. 创意策划者** 作为创意策划者,活动策划者需要发挥想象力和创造力,设计出新颖、有趣且富有教育意义的活动方案;需要根据老年人的特点,结合时代潮流和社会热点,策划出既符合老年人兴趣又具有时代感的活动。同时,活动策划者还需要注重活动的多样性和创新性,以满足不同老年人的需求。

**3. 资源整合者** 活动策划者还需要扮演资源整合者的角色,整合各种资源,包括场地、设备、人员、资金等,以确保活动的顺利进行。在资源整合过程中,活动策划者需要与相关部门、企业和组织沟通和协调,争取更多的支持和帮助。同时,他们还需要合理安排活动预算,确保活动的经济性和效益性。

**4. 执行管理者** 活动策划者在活动执行过程中扮演着执行管理者的角色,包括制订详细的活动计划,明确各项任务和时间节点,确保活动的有序进行。在活动执行过程中,活动策划者需要密切关注活动的进展和老年人的反馈,及时调整活动方案,确保活动的顺利进行和持续改进。同时,他们还需要确保活动的安全性和舒适性,为老年人提供一个良好的活动环境。

**5. 效果评估者** 活动策划者还需要成为效果评估者,在活动结束后对活动的效果进行评估和分析,总结活动的成功经验和不足之处,以便为未来的活动策划提供参考。通过收集老年人的反馈意见和观察活动的实际效果,活动策划者可以不断改进和完善自己的策划能力。

综上所述,老年人活动策划者在组织和实施针对老年人的活动中扮演着多重角色,包括需求洞察者、创意策划者、资源整合者、执行管理者和效果评估者,这些角色相互关联、相互支持,共同构成了活动策划者的核心职责和能力要求。

# 任务二 运用老年人活动策划的方法和程序

## 一、了解活动策划者的创意来源

活动策划者除了要有深厚的知识积累、丰富的经验和发散性的思维外,掌握正确的方法也十分重要。通常情况下,创意并非完全从天而降,创意的产生主要依靠激发,因此个人的意识培养也非常重要。

**(一)主动培养创意意识,克服惰性思维**

从人的大脑结构来看,掌管与创意思维相关的应当是右脑。但右脑能力的培养,除了遗传外,更多的是要靠主动记忆和观察。因此,策划者应当具备主动的意识,在生活和工作中克服惰性思维,多看、多听、多想,留心观察生活中的细节。

**(二)突破思维定式,训练发散思维**

创新意识或发散思维是创新活动中的思维,通过标新立异,发明或创造出前所未有的新思想、新观念和新理论。只有勇于突破现有的思维定式,才能从不同的角度来关注所研究的问题,从而获得创造性的发现和结论。

**(三)寻求诱发灵感的契机,提高想象力**

想象力是创新思维的直接力量,是创造力的源泉,人类所有重大的基础科学理论、艺术创作和策划工作,都源于想象力。因此,作为专业的活动策划人,应时刻关注各种能够诱发灵感的资讯和事件。

需要注意的是,在为老年人策划活动时,活动策划者需要不断探索和挖掘各种创意元素,以设计出既符合老年人兴趣爱好,又能促进他们身心健康的多样化活动。以下列举了八个具体的创意来源,为活动策划者提供灵感与方向。

**1. 兴趣爱好挖掘**

(1)创意阐述:深入了解老年人的兴趣爱好,是策划活动的基础。通过问卷调查、访谈或日常交流,发现老年人的独特爱好,如园艺、书法、绘画、音乐、舞蹈等,并围绕这些兴趣设计专属活动。

(2)实践案例:组织"老年才艺展示会",让老年人展示自己的特长,增强其自信心和成就感;开设兴趣小组,如园艺俱乐部、书法班等,定期交流学习。

**2. 健康养生融合**

(1)创意阐述:将健康养生理念融入活动设计中,引导老年人形成良好的生活习惯。结合中医养生、现代健身理念,设计适合老年人的运动项目和养生讲座。

(2)实践案例:开展"养生太极晨练",邀请专业教练指导;举办"健康饮食工作坊",教授老年人如何制作营养均衡的餐食;组织"健康知识竞赛",提高老年人的健康意识。

**3. 传统文化体验**

(1)创意阐述:传统文化是中华民族的瑰宝,通过活动让老年人重温传统文化,既能满足他们的精神需求,又能传承和弘扬传统文化。

(2)实践案例:组织"传统节日庆祝会",如中秋赏月、重阳登高,让老年人在节日氛围中感受传统文化的魅力;开设"传统手工艺体验课",如剪纸、刺绣、中国结制作等,激发老年人的创造力。

**4. 时代记忆回顾**

(1)创意阐述:利用老照片、老物件、老歌曲等唤起老年人的时代记忆,让他们在活动中找到归属感和产生共鸣。

(2)实践案例:"时光信箱"活动,鼓励老年人写下自己的故事或回忆,封存后留给未来;举办"经典歌曲演唱会",邀请老年人演唱或聆听他们年轻时的流行歌曲。

**5. 社交互动设计**

(1)创意阐述:设计促进老年人社交互动的环节,帮助他们建立新的友谊,减少孤独感。

(2)实践案例:"邻里茶话会",定期邀请老年人聚在一起喝茶聊天;组织"团队拓展活动",如户外徒步、趣味运动会等,增强团队协作能力。

**6. 自然亲近活动**

(1)创意阐述:鼓励老年人亲近自然,享受大自然的宁静与美好,有助于放松心情、缓解压力。

(2)实践案例:"城市绿肺探索",组织老年人到城市公园、植物园等地游览;开展"田园农耕体验",让老年人在农田中体验种植的乐趣。

**7. 科技智能体验**

(1)创意阐述:引导老年人接触和了解现代科技,消除数字鸿沟,享受科技带来的便利。

(2)实践案例:"智能手机使用培训班",教授老年人如何使用智能手机进行视频通话、购物、阅读等;组织"智能家居体验日",让老年人感受智能家居产品的便捷性。

**8. 心理健康关怀**

(1)创意阐述:关注老年人的心理健康,设计能够缓解焦虑、抑郁等负面情绪的活动。

(2)实践案例:"心灵瑜伽课程",通过练习瑜伽帮助老年人放松心情、舒缓压力;开展"心理健康讲座",邀请专业心理咨询师为老年人提供心理咨询服务;设立"情绪宣泄室",为老年人提供一个安全的空间表达情绪。

老年人活动策划者的创意来源丰富多样,通过深入挖掘老年人的兴趣爱好、健康需求、文化情感以及心理需求等方面,可以设计出既有趣又实用的活动,为老年人创造一个丰富多彩、健康快乐的晚年生活。

## 二、掌握常见老年人活动的策划方法

老年人活动策划是一门艺术,更是一门科学。在进行老年人活动策划时,策划者需要有系统化的技术、方法和工具的支持。"工欲善其事,必先利其器",如果说老年人活动策划的理念和原则事关活动性质和方向的务虚问题,那么策划方法则是务实问题。老年人活动策划实践中常用到的方法有以下几种。

### (一)理性预测法

策划是针对未来要做的事情,做当前的谋划与决策。针对未来的谋划与决策必然会面临着许多不确定因素,怎样将这些不确定因素带来的风险降到最低,靠的就是策划者的预测能力。策划者靠什么来预测未来呢?理性预测法回答了这个问题。理性预测法是指通过分析老年社会文化、经济发展等综合信息,预测老龄化社会的发展趋势、老年期社会适应的新问题和新需求、活动理念的转变、技术发展前景,据此顺势而动,策划全新的老年人活动。这种方法立足于对未来趋势的判断,策划处于情理之中。

### (二)抽样调查法

抽样调查法是社会调查的重要方法之一,是指按照一定方式从调查整体中抽取部分样本,用样本结论说明总体情况的一种调查方法,可分为随机抽样和非随机抽样两大类,常用的抽样方法包括简单随机抽样法、分层抽样法、等距抽样法、配额抽样法等。抽样调查法是目前国际上公认和普遍采用的调查手段,其理论基础是概率论。

### (三)头脑风暴法

在老年人活动策划中使用头脑风暴法,目的是让策划者敞开思想,共同讨论,使各种设想在相互碰撞中激起脑海中的创造性风暴。它考虑多种可能性的解决方案,是提升思维创造力的集体训练法。其基本原理是只专心提出构想而不加以评价,不局限思考的空间,给予欣赏而不予以否定,鼓励想出更多的主意。该方法有四条规则:①讨论者畅所欲言,自由表达自己的想法;②不互相指责;③鼓励自由地提出想法;④欢迎完善别人提出的方案。经验证明,采用头脑风暴法提出的方案比同一些人单独提出的方案效果更好。

### (四)深入挖掘法

深入挖掘法是指分析各种各样的同类老年人活动,对其重新进行名称、理念、内容等的定位,利用传统资源,策划和开发满足老年人需求的活动,既发挥了传统资源的优势,又赋予了活动和谐的开展理念,并具有时代气息。进行这类活动策划时一定要注意对传统资源进行合理与适度的提升和开发,避免因深度挖掘不足而导致活动缺乏内涵、吸引力低,或因过度提升和包装而导致对传统资源的滥用等。

### (五)外部借鉴法

外部借鉴法指直接引进或模仿其他国家和地区的活动名称、形式、内容而为我所用的一种策划方法。运用这种方法应注意的是,要与所借鉴的活动进行差异化定位,应体现自己的特色,在借鉴的同时追求创新。

### (六)策划整合法

策划整合法是对多个活动进行整合,取长补短,实现边缘性新思维的策划。整合是各种资源的集中互补,是各种活动要素协调配置的重组,通过整合可实现推陈出新。对多种老年人活动进行主题整合、内容整合、形式整合及组织运作整合,这不仅可使活动内容更加丰富,主题更加集中,还可大大提高组织运作效率,增加老年工作者交流的热情,提升活动的品质和影响力。

随着社会的不断进步和老年人群体的日益庞大,为老年人策划丰富多彩的活动显得尤为重要。这些活动不仅能够丰富老年人的精神生活,还能促进他们的身心健康,增强其社会交往能力。以下是从社交互动、健康养生、文化娱乐、休闲放松、安全保障以及激励机制六大方面具体列举的常见老年人活动策划方法。

**1. 社交互动类活动**

(1)组织聚会与茶话会:定期举办邻里聚会或茶话会,为老年人提供一个交流感情、分享生活的平台。

(2)兴趣小组与社团:根据老年人的兴趣爱好,成立书法、绘画、舞蹈、摄影等兴趣小组或社团,促进相同爱好者之间的交流与互动。

(3)志愿服务与公益活动:鼓励老年人参与社区志愿服务或公益活动,如环保清洁、助老助残等,增强其社会责任感与归属感。

**2. 健康养生类活动**

(1)健身操与太极班:开设适合老年人的健身操、太极等课程,帮助老年人锻炼身体,增强体质。

(2)健康讲座与咨询:邀请医疗专家或营养师,为老年人举办健康讲座,提供健康咨询,普及养生知识。

(3)户外徒步与郊游:组织老年人进行户外徒步、郊游等活动,让他们亲近自然,呼吸新鲜空气,同时锻炼身体。

**3. 文化娱乐类活动**

(1)文艺演出与才艺展示:举办老年人文艺演出或才艺展示会,让老年人有机会展示自己的特长与风采。

(2)电影放映与戏剧观赏:定期为老年人放映经典电影或组织观看戏剧表演,丰富他们的文化生活。

(3)读书会与知识讲座:成立老年人读书会,举办知识讲座,满足老年人对知识的渴望,提升他们的文化素养。

**4. 休闲放松类活动**

(1)园艺种植与花艺课程:引导老年人参与园艺种植或花艺课程,让他们在种植与创作中放松心情,享受自然之美。

(2)手工艺制作与 DIY:组织手工艺制作或 DIY 活动,如编织、剪纸、陶艺等,让老年人在动手过程中体验创造的乐趣。

(3)音乐与舞蹈欣赏:邀请专业团队为老年人表演音乐或舞蹈,或组织老年人学习简单的舞蹈,通过音乐与舞蹈的熏陶,达到放松身心的效果。

**5. 安全保障类活动**

(1)安全教育与演练:定期对老年人进行安全教育,包括防骗、防摔、急救等知识,并组织相应的应急演练。

(2)健康监测与体检:为老年人提供定期的健康监测与体检服务,及时发现并处理健康问题。

（3）无障碍环境建设：在活动场所设置无障碍设施，确保老年人能够安全、便捷地参与活动。

**6. 激励机制类活动**

（1）表彰与奖励：对积极参与活动、表现突出的老年人给予表彰与奖励，如颁发证书、小礼品等，激发他们的参与热情。

（2）积分兑换与会员制度：建立活动积分兑换制度或会员制度，老年人通过参与活动累积积分，积分可用于兑换礼品或服务。

（3）情感关怀与心理支持：在活动过程中，注重对老年人的情感关怀与心理支持，给予他们更多的关注与鼓励，让他们感受到社会的温暖与尊重。

综合运用这些方法，有助于策划出既符合老年人需求又具有创意和吸引力的活动，为他们的晚年生活增添更多乐趣与活力。

## 三、设计老年人活动策划的程序

老年人活动策划是一项系统性工作，是在遵循老年人活动规律的基础上，按照一定科学合理的流程进行的工作。老年人活动策划的程序是指在策划过程中必须遵循的相对规范的过程及步骤。

### （一）老年人活动策划程序的基本思路

老年人活动策划程序的基本思路包括五个"W"（表2-1）。这五个"W"分别代表五个相互关联的问题，涵盖了老年人活动策划程序中的概念和主体内容的诸环节。

表 2-1 五个"W"

| 五个"W" | 解　读 |
| --- | --- |
| Why | 为什么举办这个活动？需要说明活动的目的、意义、宗旨 |
| Who | 谁是活动的受益者？需要说明活动参与者、赞助人、组织者、发起者、承办者、媒体、管理部门等 |
| When | 活动什么时候举行？需要说明活动的季节气候、具体时间，考虑到季节性因素及活动与传统节日、双休日的时间协调问题和交通拥堵情况 |
| Where | 在哪里举行？需要说明活动所处地区的气候，是风景区还是闹市区，是海滨还是山区，是大城市还是小城镇 |
| What | 活动主要内容是什么？需要说明主题活动分为哪几部分，每个部分的关键环节是什么，每个部分的亮点是什么 |

### （二）老年人活动策划的基本流程

为老年人策划活动是一个细致且充满关怀的过程，旨在丰富他们的精神生活，促进身心健康，增强社会联系。以下是老年人活动策划的基本流程，涵盖从前期准备到后期跟进的各个环节。

**1. 明确活动目标**

（1）步骤说明：明确活动的核心目标和期望达到的效果。这可能包括增进老年人之间的社交互动、提升健康意识、传承传统文化、提供休闲娱乐等。

（2）关键要素：设定清晰、具体、可衡量的目标，确保活动具有明确方向。

**2. 调研老年人需求**

（1）步骤说明：通过问卷调查、访谈、座谈会等方式，深入了解老年人的兴趣爱好、身体状况、心理需求及期望参与的活动类型。

(2)关键要素:确保调研对象的广泛性和代表性,收集真实有效的反馈。

**3. 制订活动方案**

(1)步骤说明:活动具体设计是将活动设想具体化,按照实际操作的需要进行细节策划和设计的过程。在活动的具体设计环节,策划者需要从实际运作的角度考虑,包括对活动的场地、时间、流程、内容、配套服务等进行详尽考虑。

(2)关键要素:方案需具有创新性、可行性,并充分考虑到老年人的实际情况和需求。

**4. 准备物资与场地**

(1)步骤说明:根据活动方案,提前准备所需的物资(如设备、道具、礼品等)和场地(如会议室、公园、文化中心等)。

(2)关键要素:确保物资充足、质量可靠,场地安全、舒适、无障碍。

**5. 宣传与邀请**

(1)步骤说明:通过社区公告、电话通知、社交媒体等多种渠道,向目标老年人群体宣传活动,并发出正式邀请。

(2)关键要素:宣传内容需信息准确且具有吸引力,邀请方式需礼貌、周到。

**6. 实施活动流程**

(1)步骤说明:按照既定方案,有序开展活动,包括签到、开场致辞、活动主体环节、互动交流、闭幕总结等。

(2)关键要素:活动过程中需注重细节管理,确保活动顺利进行;关注老年人的参与度和感受,及时调整活动节奏和内容。

**7. 收集反馈与总结**

(1)步骤说明:活动结束后,通过问卷调查、访谈等方式收集参与者的反馈意见,对活动进行全面总结。

(2)关键要素:反馈收集需及时、全面,总结需客观、深入,提炼经验教训,为后续活动提供参考。

**8. 关怀与跟进**

(1)步骤说明:根据活动反馈和结果总结,对老年人进行后续关怀和跟进,包括感谢信、小礼品、健康咨询、活动回访等。

(2)关键要素:体现对老年人的尊重和关怀,增强他们的归属感和满意度;为下一次活动的策划提供灵感和方向。

老年人活动策划的基本流程是一个系统而复杂的过程,需要策划者具备高度的责任心、创新精神和细致入微的工作态度。遵循以上流程进行活动策划,有助于活动的成功举办,并为老年人带来愉悦的活动体验。

⇨ **实践训练**

1. 在你的班级选取同学组成小组,使用头脑风暴法,开展一次以"端午节老年人活动"为主题的讨论。

2. 运用五个"W"的方法,策划一次老年人服装秀活动。

# 任务三　学会老年人活动策划书及相关内容的制作

## 一、创作策划书

老年人活动的策划目的是让老年人活动顺利进行,是老年人活动的全局战略。把策划过程用文字完整地记录下来就是老年人活动策划书的写作。策划书的写法很灵活,没有固定的写作模式,因此这里只论述策划书的基本结构和基本要求。

### (一)老年人活动策划书的写作结构和要求

**1.活动策划书封面**　写出活动名称的全称,点明所策划的是什么活动,是总体方案还是分项方案,是策划方案还是实施方案。

**2.标题**　老年人活动策划书的标题通常由主标题和副标题两部分组成。主标题是指活动的主题或者主旨。副标题由两部分组成:基本部分(活动性质和类型)和限定部分(人员、时间、地点、规模等)。

**3.活动背景**　活动背景要求高度概括本次活动的社会和机构背景,能说明本次活动的重要意义,内容简明扼要,让人一目了然。内容可包括基本内容简介、活动开展原因、对活动开展单位会产生什么影响,以及相关目的与动机。

**4.活动目的**　说明此次活动的特性,活动需求达成的可行性,最终要达到什么活动目的,表述上要求层次清晰,文笔生动。

**5.活动主题**　活动的主题就是举办本次活动的中心思想,活动的主题必须清晰明了,并能够用简明扼要的语言将其表达出来。以一个主题为整个活动的线索和主旋律,围绕此主题进行活动与交流,体现活动的意义和活动的目的。有些活动比较复杂,用一两句话很难将活动的主题概括出来,因此还可以用活动宗旨或举办原则之类的方式予以补充。

**6.参与人员**　常用的描述方法为××社区或者××机构老年人。因不同的活动适宜人群不同,如对参与人员有要求还可进一步具体描述推荐参与人群的年龄、身体状况、社会背景等内容。

**7.组织单位**　主办单位、承办单位、协办单位统称组织单位。顺序应该是先主办单位再承办单位,最后是协办单位。有些活动为了显示主管部门对本次活动的重视,还可列明特别支持单位及赞助单位、冠名单位等。

**8.活动时间**　在活动时间上除了点明活动开始的时间外,还可说明活动分段的时间和结束时间。

**9.活动地点**　主要应点明活动的报到地点和活动的举办地点。如果有分项活动,还应点明各分项活动或分会场的地点。

**10.活动流程**　应写明整个活动全过程,包括活动前、活动中和活动后所有环节所涉及的工作安排,具体内容包括活动进度表、参与人员、期望的效果。如一场带老年人去超市购物的活动,流程描述方法可见表2-2。

表 2-2　带老年人去超市购物的活动流程示例

| 活动环节 | 内　　容 |
|---|---|
| 活动前 | ××(人员),联系××超市 |
| | ××月××日通过广播室、各楼层护理站通知老年人报名参加,确定参与人数 |
| | ××月××日招募对应参与人数的志愿者,一对一陪同老年人 |
| | ××月××日制作老年人及志愿者通讯录及一对一表格 |
| 活动中 | ××月××日上午 9:00 老年人齐聚一楼大厅,9:00—9:20 与志愿者配对、合影 |
| | 9:30 上车 |
| | 10:10 到达××超市 |
| | 10:10—11:00 在超市购物 |
| | 11:00—11:10 超市门口集合上车 |
| | 11:40 返回 |
| 活动后 | 收集媒体报道文章及视频 |
| | 在家属群转发活动照片及视频 |
| | 写活动总结并上报 |

**11. 活动用品**　何时何地,需要何种环境布置及哪些物品。

**12. 人员安排**　可以根据不同的活动环节,制订人员安排表(表 2-3)。

表 2-3　活动人员安排表(示例)

| 活动环节 | 项　　目 | 人　员 | 电　话 |
|---|---|---|---|
| 活动准备 | 策划书拟定 | | |
| | 策划书审核 | | |
| | 场地申请 | | |
| | 部门协调 | | |
| | 活动经费 | | |
| | 活动宣传 | | |
| | 服装准备 | | |
| | 评委、嘉宾邀请 | | |
| | 奖品、礼品准备 | | |
| | 道具准备 | | |
| | 活动彩排 | | |
| | 活动审核 | | |
| 活动现场 | 摄影 | | |
| | 饮食准备 | | |
| | 音响、灯光 | | |
| | 主持 | | |
| | 活动引导 | | |

续表

| 活动环节 | 项　　目 | 人员 | 电话 |
|---|---|---|---|
| 活动现场 | 计分 | | |
| | 场地布置 | | |
| | 仪器设备 | | |
| | 奖品、礼品颁发 | | |
| | 现场、场外秩序维护 | | |
| | 机动 | | |
| 后期工作 | 卫生保洁 | | |
| | 归还道具、服装 | | |
| | 撰写新闻稿 | | |
| | 资料整理、汇总 | | |
| | 上交资料 | | |

**13. 经费预算** 根据活动的需要和具体情况制订,见表2-4。

表 2-4 经费预算

| 项目 | 用途 | 数量 | 单价/元 | 合计/元 | 备注 |
|---|---|---|---|---|---|
| | | | | | |
| | | | | | |
| | | | | | |
| 总计/元 | | | | | |

**14. 备注** 可包含以下内容,见表2-5。

表 2-5 备注内容

| 项　　目 | 内　　容 |
|---|---|
| 安全事项 | 对活动中的安全事项提出明确的安全建议 |
| 风险分析 | 对可能遭遇的经济风险、政策风险、自然风险、安全风险、不可抗力风险等方面的预先考虑,要有明确的规避风险的建议 |
| 效益预测 | 对策划蓝图做前瞻性预测,促进投资者和策划委托方对策划书付诸实施 |

**15. 落款** 策划人的姓名和文本形成的时间。

**16. 附件** 主要包括随策划书一起呈送的附属文件,如预测策划前景的相关资料及相关的批文、批示,支持策划具有权威性、可行性的系列材料。附件应注明序号,以便核对。

**(二)老年人活动策划书撰写步骤**

撰写老年人活动策划书是一项细致且重要的工作,它不仅关乎活动的成功与否,更直接影响到老年人的参与体验和身心健康。以下是一份全面的老年人活动策划书撰写步骤指南,涵盖了从活动构思到后期评估的各个环节。

**1. 活动目的与意义**

(1)清晰阐述:清晰地阐述本次活动的目的和预期达到的效果,例如,增进老年人之间的社交互动、提升老年人的生活质量、传承传统文化、促进健康养生等。

(2)强调意义:进一步阐述活动对老年人群体的意义,如缓解孤独感、增强自信心、提升幸福感等。

**2. 目标老年人群体分析**

(1)群体特征:分析目标老年人群体的年龄、性别、兴趣爱好、身体状况、心理需求等特征。

(2)需求调研:基于群体特征,进行需求调研,了解老年人真正关心和期待的活动类型和形式。

**3. 活动时间与地点**

(1)时间安排:确定活动的具体时间,应考虑老年人的作息习惯和身体状况,避免在极端天气或节假日等不便时段举办。

(2)场地选择:选择适合老年人活动的场地,如社区中心、公园、文化中心等,确保场地安全、舒适、无障碍。

**4. 策划内容与流程**

(1)内容设计:根据活动目的和目标老年人群体的需求,设计丰富多样的活动内容,如文艺表演、健康讲座、手工艺制作、户外徒步等。

(2)流程规划:制订详细的活动流程,包括签到、开场、主体环节、互动交流、闭幕总结等,确保活动有序进行。

**5. 安全措施与应急预案**

(1)安全评估:从活动场地、设施、参与人员等方面全面进行安全评估,确保无安全隐患。

(2)应急预案:制订详细的应急预案,包括突发状况处理流程、紧急联系方式、救援措施等,以应对可能出现的意外情况。

**6. 资源筹备与分工**

(1)资源列表:列出活动所需的所有资源,包括物资、设备、人员等。

(2)分工明确:根据团队成员的特长和优势,进行合理分工,确保各项准备工作有序进行。

**7. 宣传推广计划**

(1)宣传渠道:选择适合老年人群体的宣传渠道,如社区公告、电话通知、社交媒体(针对能使用智能设备的老年人)等。

(2)宣传内容:设计具有吸引力的宣传内容,突出活动的亮点和特色,激发老年人的参与热情。

**8. 预算规划与资金管理**

(1)预算规划:根据活动规模和资源需求,制订详细的预算计划,包括各项费用的估算和分配。

(2)资金管理:建立严格的资金管理制度,确保资金使用的合理性和透明度。

**9. 效果评估与反馈机制**

(1)评估指标:设定具体的评估指标,如参与人数、满意度、活动效果等,用于衡量活动成功与否。

(2)反馈收集:通过问卷调查、访谈等方式收集参与者的反馈意见,了解他们对活动的评价和建议。

(3)总结改进:根据评估结果和反馈意见,对活动进行总结和改进,为未来的活动提供经验和参考。

综上所述,撰写老年人活动策划书需要全面考虑活动的各个方面,从目的、意义到效果评估,每一个步骤都至关重要。精心策划和组织有助于活动的成功举办,从而为老年人带来愉悦的活动体验。

## 二、撰写老年人活动公告和邀请函

### (一)活动公告与邀请

活动公告的海报写作比较灵活,只需将活动时间、地点、内容这三方面写出来,其余内容可以自由发挥。海报在结构上要有标题、正文和结尾。

(1)标题。

①标题的位置可根据排版设计随意摆放。

②用内容作为标题,如"××活动"。

③用文种作为标题,直接写上"海报"二字作为标题。

④用主办单位的名称作为标题,如由幸福老年人福利院举办活动的海报,就可写成"幸福老年人海报"。

总之,要尽量使用能吸引人的标题。

(2)正文:海报的正文要用简洁的文字写清楚活动内容、时间、地点、参加方式等。

①一段式。内容简单的通常只用三言两语,一段成文。如"××月××日下午××时,我院中老年运动队和××院中老年运动队在××进行友谊比赛,欢迎踊跃观赛"。

②项目排列式。内容稍多的可分项排列成文。

例如,春节期间"欢欣鼓舞过春节,欢歌笑语送爱心"活动的内容"干干净净迎新春"(农历二十六至农历二十八);"欢欢喜喜送祝福"(农历二十九至农历三十);"恭恭敬敬拜大年"(正月初三至正月初四);"快快乐乐秀才艺":A."吉庆有余"烹饪表演,B.挥毫写春联(正月十五)。

③附加标语式。有的海报在正文首或正文末加上排列整齐的标语,起画龙点睛的作用,如"观念改变命运,知识影响人生""撒播爱心种子,传递健康理念"等。这类标语可渲染主题,吸引注意力,但切忌哗众取宠,招摇撞骗。

(3)结尾:结尾的内容有主办单位、海报制作时间等,若正文已把有关内容写清楚了,可以不设结尾。有的结尾还可加上一些吸引人的口号,如"爱心无敌  勿失良机"之类。

### (二)活动邀请函

**1.针对公务人员或单位的邀请函**

格式要求:一般由标题、称谓、正文、落款四部分组成。

①标题,即用大字书写的"邀请函"三字,位于第一行中间,或者占用一页作为封面。

②称谓,即被邀请者的单位名称或姓名,另起一行或一页顶格书写,姓名之后写上职务、职称等,如"教授""经理""主任"等。

③正文,应写清活动时间、地点、内容、要求,并用"敬请参加""敬候光临""敬请届时光临"等语句结束。

④落款,即发函者的署名与发函日期。

邀请函的形式要美观大方,不可用书信纸或单位的信函纸草草了事,而应用红纸或特制的邀请函填写,所用语言应恳切、热忱,文字须准确、简练、文雅。

**2.针对商务或个人的邀请信(邀请书)**  邀请信是为了增进友谊,发展业务,邀请他人或单位参加庆典、会议及各种活动的信函。格式包括称谓;开头,简单问候被邀请人;内容、邀请原因等;活动细节安排;联系人、电话、地址、落款、日期。

**3. 会议邀请函**　会议邀请函是专门用于邀请特定单位或人士参加会议,具有礼仪和告知双重作用的会议文书。

(1)会议邀请函的基本内容:会议的背景、目的和名称;主办单位和组织机构;会议内容和形式;参加对象;会议的时间和地点、联络方式以及其他需要说明的事项。

(2)会议邀请函的结构与写法。

①标题。由会议名称和"邀请函(书)"组成,一般可不写主办单位名称和"关于举办"的字样,如"××养老模式高级论坛邀请函"。"邀请函"三字是完整的文种名称,与公文中的"函"是两种不同的文种,因此不宜拆开写成"关于邀请出席××会议的函"。

②称呼。邀请函的发送对象有以下三类。

发送到单位的邀请函,应当写单位名称。由于邀请函是一种礼仪性文书,称呼中要用单称,不宜用泛称(统称),以示礼貌和尊重。

邀请函直接发给个人的,应当写个人姓名,前冠"尊敬的"等敬词,后缀"先生""女士""同志"等。

网上或报刊上公开发布的邀请函,由于对象不确定,可省略称呼或以"敬启者"统称。

③正文。正文应逐项写明具体内容。开头部分写明举办会议的背景和目的,用"特邀请您出席(列席)"照应称呼,再用过渡句转入下文;主体部分采用序号加小标题的形式写明会议具体事项,最后写明联系方式;结尾处可写"此致",再换行顶格写"敬礼",亦可省略。

④落款。因邀请函的标题一般不标注主办单位名称,因此落款处应当署主办单位名称并加盖公章。

⑤成文时间。写明发函具体的年、月、日。

# 任务四　做好老年人活动策划与组织的现场管理

## 一、做好老年人活动的时间管理

### (一)老年人活动持续时间

在活动前需要对老年人活动的持续时间(历时)进行估算,即根据现有条件估算出完成这一活动所需要的时间。活动时间的估算是老年人活动进度中非常重要的工作,直接关系到各项任务起止时间和整个活动完成时间的确定。活动持续时间的估算方法主要采用类比法,又称经验比较法,是一种非常有效的方法,是由老年人活动的负责人或具有丰富活动组织经验的人员来完成的,可根据以前类似的实际活动时间来推测大致时间。如不能较好进行时间估算,可能会影响到老年人的正常生活,以致影响活动效果。

一般活动时间不宜过长,应控制在1.5小时以内,如果超过1.5小时应安排中间休息,避免让老年人感到劳累。例如,举行老年厨艺比赛时,若错误估计了老年人每局的完成时间,待机构食堂都开饭了活动还没有结束,最终会造成活动草草收场。

### (二)老年人活动举办时间

**1. 活动举办时间**　对于大多数老年人而言,他们没有固定的上下班时间,所以可举办活动的时间相对宽裕,安排比较自由。但要考虑到老年人的生活安排和日常作息,尽量不打乱他们的常规生活。

**2.避开事项** 为了保证活动效果,要避开恶劣天气(如酷暑、冰雪、大风、暴雨、雾霾等)。如果老年人需要驱车前往,还要避开上下班高峰时间段以节省老年人来回路途时间。

**3.休息时间** 在活动中需要给老年人留出时间上厕所、短暂休息等。

**4.其他事项** 在活动开始前,要了解老年人是否需要在固定时间点吃药。如果活动需开展多次,在每次活动结束后需强调下次活动时间,且在下次活动开始前,用电话、短信、上门等方式再次提醒活动时间。

### (三)老年人活动进度管理

进度计划是在确定老年人活动目标时间的基础上,根据相应完成的活动量,对各项过程的顺序、起止时间和环节衔接以及人员安排和物资供应进行具体策划和统筹安排。为了有效控制老年人活动的进度,必须对影响活动进度的因素进行分析,提前进行有效沟通和协调,以免造成不良影响。活动进度的影响因素见表 2-6。

表 2-6　活动进度影响因素

| 因　素 | 内　容 |
|---|---|
| 资金 | 资金的来源主要包括政府拨款、企业赞助等。如未能及时给足活动预付款,或是拖欠了进度款,将会导致活动进度延误。因此,活动负责人应根据资金的供应情况,合理安排进度,及时督促预付款和进度款,以免延误时间 |
| 利益相关者 | 只要是与活动进展有关的利益相关者(如政府部门、设计单位、赞助商、银行,以及运输、通信、供电等部门),其工作进度的延后都将对进度产生影响。因此,要充分发挥监督作用,协调各相关单位之间的关系,保证进度 |
| 物资供应进度 | 老年人活动举办过程中餐食和必要的设施、设备等能按时送达,且质量符合要求 |
| 活动突发事件 | 在活动过程中,突发事件是难免的。比如,老年人临时改变想法,或者发生了意外情况等。活动策划者应加强审查,控制随意变更 |
| 各种风险因素 | 风险因素包括政治、经济、技术以及自然等方面的各种不可预见的变化 |
| 承办单位自身管理水平 | 现场情况千变万化,承办单位的方案不当、计划不周、管理不善、问题解决不及时等,都会影响活动进度 |

由于上述各种因素的影响,活动计划的执行过程难免会产生偏差,一旦发生,要及时分析产生原因,采取必要的纠偏措施或调整原进度计划,这种调整是一种动态控制的过程。

## 二、做好老年人活动场地的布置及管理

### (一)场地的选择

场地的类型见表 2-7,选择场地应考虑的主要因素见表 2-8。

表 2-7　场地的类型

| 活动场地 | 内　容 |
|---|---|
| 室内场地 | 老年人活动常选择在固定的建筑物内举办,如会议中心、展览馆、活动室、电影院、宴会厅等。这种场地往往是长期、稳定、多功能的,经过装饰和调整一般可以举办多种类型活动 |
| 临时搭建的凉棚式场地 | 凉棚式场地指的是临时搭建的用来举办活动的暂时性场地,往往选择在无建筑设施阻挡、有一定范围的草坪、广场或其他较为平坦的开阔处 |

续表

| 活动场地 | 内　容 |
|---|---|
| 露天场地 | 有些老年人活动由于流动性或活动性质和类型的限制,不需要顶棚,可以在有投影屏幕的地方、广场等露天场所,或有规定路线的街道上举行,如广场音乐会、运动会、老年草坪婚礼等 |

表 2-8　选择场地应考虑的主要因素

| 因　素 | 内　容 |
|---|---|
| 活动的性质 | 如春游活动,就只能外出,不能在室内进行 |
| 活动的规模 | 包括到场观众的数量、活动的级别、参加的领导嘉宾等内容 |
| 场地条件对活动项目的适合性 | 如在室外举行老年人羽毛球比赛、在室内举行花车大巡游活动都不太适宜 |
| 场地的区位因素 | 如活动举办地点交通是否便利,食宿游购等方面是否方便。如在建筑物内,是否有电梯方便到达,是否有卫生间供老年人使用等 |
| 设施设备要求 | 老年人活动组织者要考虑活动场地的照明强度、温度、湿度、尺寸,以及评委和观众席、停车场等方面是否适宜本次活动。一定要确保出入口畅通无阻,且不能堵塞疏散通道、急救车辆的通行区 |

### (二)场地的布置

活动场地的布置都必须围绕整个活动的主题而展开。在安排座位时,必须考虑到座位的类型是固定的还是移动的,以及老年观众数量和抵达的方式。尤其应注意安全因素,包括安全门位置、过道位置和大小等。主要的布置模式见表 2-9。

表 2-9　主要的布置模式

| 模　式 | 内　容 |
|---|---|
| 剧院礼堂式 | 这种布置最前面是主席台,主席台有若干个座位(数量视会议需要而定)。观众座位从各个方向围绕主席台。这种形式多适用于参与人数较多、较为正式的会议或主题报告、讲座等 |
| 教室式 | 这种布置和学校教室一样,最前面是投影屏幕或白板,接着是主席台,主席台后面有桌子和座位,中间留有1~3个走道,方便主持人走进老年人中间与大家交流。这种较剧院礼堂式参与人数少,形式可自由活泼一些 |
| 功能分区式 | 这种形式较为随意,有利于调动参与老年人的积极性。这种布置形式多与酒会、饮食或者区域游戏结合在一起 |
| 体育馆式 | 大多数的赛事采取体育馆式布置形式,座位设置在赛场四周,这种布置能提高观众对比赛的参与度 |
| T形台式 | 主席台向观众区延伸,三面被观众席所环绕,能拉近表演者和观众的距离,便于观众欣赏,如老年时装秀可采取这种场馆布置模式 |
| U形或圆桌形式 | 这种布置形式可以把观众和组织者连接在一起,整体氛围更随意,如茶话会等 |

### 三、做好老年人活动的人力资源管理

**(一)老年人活动人力资源管理基本原则**

**1.科学标准管理与个性化的人际管理相结合的原则**

(1)确定标准:没有标准就无法评估实际绩效。标准可以作为比较过去、当前和将来行为的准则。正常情况下,人的行为存在一定共性,在制订了具有弹性的相对完整的制度后,处理各类人事问题时具有一致性和稳定性。

(2)科学管理:老年人活动策划必须运用相关的科学知识及方法进行管理。科学的管理方法是确保活动达到目标的重要条件。

(3)尊重人才:一次成功的老年人活动,其核心在于全体组织者的有效协作。掌握正确处理人际关系的原则是吸引人才并用好人才的关键。其中,人格尊严、个体差异、相互激励是重要因素。

(4)人尽其才。世上少有无才之人,更多的是混乱管理造成的用才不当。常言道,"金无足赤,人无完人",用人不能求全责备,而要用其所长。因而,人尽其才是人力资源开发与管理中必须遵循的重要原则。

**2.挖掘和培养相结合的原则** 目前,尽管各种学校加速培养老年服务与管理领域的专业人才,但一时也难以满足现实需求。因此,老年人活动人才的开发应该坚持挖掘和培养相结合的原则。

(1)在社区内办培训班或将人员送至相关机构培养。

(2)挖掘现有人才的潜力。第一,将岗位使用不当的人员调到能发挥其所长的岗位上;第二,返聘或延长那些已到退休年龄但身体健康、适合做老年服务工作的人。

(3)轮岗。让有一定文化素质和组织能力的毕业生轮岗做更具挑战性的工作。

许多经验证明这些方法是行之有效的。

**3.教育与培训相结合的原则** 老年人活动对策划者及活动推行者的素质要求越来越高,一方面,只有经过教育或培训的人员才能适应各种新观念和老年群体差异性的变化;另一方面,活动组织者可以要求工作人员学习活动手册,甚至对其进行培训,以保证工作人员的操作能力随着活动要求的变化而不断发展,长期保持进取的活力。

教育与培训是老年人活动推行中对工作人员施加影响的重要方式。这种影响方式可以使工作人员工作态度、生活习性和精神状态都发生变化,引导他们做出有益于活动的决定和行为,增强他们对工作效率的关切感和对组织的忠诚度。

**(二)老年人活动志愿者管理**

志愿者是指不为物质报酬,基于良知、信念和责任,自愿为社会和他人提供服务和帮助的人。对于许多活动来说,志愿者是维系活动生命的血液,绝大部分的活动完全依赖志愿者的推动。有效地招募、培训和奖励志愿者成为许多老年人活动组织管理运作中一个关键的部分。志愿者通常参与的工作岗位包括:引座员、礼仪员、计时员、行政人员、后勤协调人员、记录员、急救员、安全员等。

**1.志愿者招募** 市民和互助性组织是志愿者来源的一个渠道。这些组织的使命之一是为社区提供服务,因此,可以从这些组织招募志愿者。另外一个渠道是高校或中学。有些地区的学校要求学生必须完成最低限度的志愿服务。这些学校拥有众多的学生组织,他们都有提供老年服务的任务和意愿。

吸引这些志愿者的关键是"我能从中得到什么"。因此,了解他们的需求,然后通过活动来帮助他们实现自己的目的,可以最终实现双赢。

**2. 志愿者培训**　参加老年人活动的志愿者必须接受三个基本方面的培训:活动基本框架、场地情况和具体工作任务情况(表 2-10)。

表 2-10　志愿者培训

| 项　目 | 内　容 |
|---|---|
| 活动基本框架 | 应该向活动志愿者提供老年人活动的策划书,让其对活动有充分了解,能向参与的老年人提供最佳的服务和准确的信息 |
| 场地情况 | 带志愿者在场地进行考察,有助于他们了解场地和设备,了解各个不同区域和服务程序。这一阶段也是讲解各类应急措施的最佳时机 |
| 具体工作任务情况 | 参加老年人活动的志愿者要了解并知道如何履行他们的工作职责,在他们接触到参与活动的老年人之前,要进行一些预演和角色扮演练习,帮助他们熟悉自己的工作 |

**3. 志愿者奖励**　不要等到活动结束才对志愿者说"谢谢"。有很多组织通过发布志愿者新闻通报向他们表示感谢,还有一些组织会举行假日聚会表达谢意。给予志愿者表彰是建立一支强大有力、忠诚可靠的志愿者队伍的重要保障。志愿者奖励可分为非物质奖励和物质奖励(表 2-11)。

表 2-11　志愿者奖励

| 项　目 | 内　容 |
|---|---|
| 非物质奖励 | 与运动员、音乐家和艺术家会面,口头表扬和认可,培训和技能发展等 |
| 物质奖励 | 入场券、证书、胸章、纪念品等 |

## 四、做好老年人活动的危机管理

### (一)老年人活动危机管理的概念

老年人活动举办过程中发生的火灾、暴雨、设备故障、参与者突发性疾病等,都可称为危机事件。危机事件具有突发性、破坏性、不确定性、紧迫性的特征,可能给组织和个人带来严重的损害。为防止和降低这种损害,往往需要在时间紧迫、人财物资源缺乏和信息不充分的情况下,立即进行决策和行动。

### (二)老年人活动危机的防范

**1. 场地选择**　一旦确定了举办活动的区域,就应该立即着手深入全面地调查该区域的安全状况,包括考察建筑物、室内场地、户外场地、院区和健康安全性(表 2-12)。

表 2-12　场地选择

| 项　目 | 内　容 |
|---|---|
| 建筑物安全性 | 建筑物必须坚固安全,建材必须经久耐用,具有防风、防震、防火的功能 |
| 室内场地安全性 | 组织者要经常检查教室、活动室的物质环境,如设备、橱柜等有无会伤害老年人的锐角和突起、出入门的门面是否光滑、出入的通道和洗手间地面是否防滑 |

续表

| 项　　目 | 内　　容 |
| --- | --- |
| 户外场地安全性 | 户外活动应选择安全耐用的器材,注意器材的安全间距;老年人活动时应有专人监督;户外设备应固定在地上,以免翻倒;运动器材应定期检查和维护;户外活动场地的地面应能防止老年人擦伤与跌倒 |
| 院区安全性 | 室外的电线设备应设置在一般人够不到的地方;楼梯的两边应设老年人扶手,楼梯阶层不宜过高。在安全疏散和经常出入的通道上,不应设台阶 |
| 健康安全性 | 一是保证老年人的生理健康。相关材料是安全的,无刺鼻的气味、尖锐的角、超标的有害物质等。<br>二是保证老年人的心理健康。环境创设的内容要轻松愉快,能为老年人带来安全、舒适的感觉;应为老年人提供成功体验,让老年人感受成功的快乐;设置一些可发泄情绪的空间,以帮助老年人稳定情绪 |

**2. 财务与人身安全** 考察场地第一步就应该着手制订安全计划。第二步是确保管理方和参与者购买了保险,从而在遭遇失窃、自然灾害以及其他一些情况时,能得到足够的理赔。第三步则是建立一个全面的登记系统,监控活动过程所有参与者的出入情况。第四步是制订计划确保参与者的人身安全。

**3. 自然灾害** 最常出现的自然灾害是与天气有关的灾害。减少自然灾害对活动的影响,关键在于做好准备工作。在考察场地时就应该对活动区域的情况进行全面调查。了解这个区域是否遭受过自然灾害,是否出现过暴风雪、洪水、高温酷暑等。所有这些自然灾害方面的信息可以到当地的公共安全或紧急服务部门、中国气象局等有关部门查询。

**4. 人为灾害/暴力行为** 活动组织者不仅要关注自然灾害,更要关注人为灾害或暴力行为。因为大量人群聚集在一起,就有可能突发意外情况。这些情况可分为四大类,即食物中毒、火灾、暴力行为、示威或对抗。

**(三)制订安全计划和程序**

制订安全计划和程序见图 2-1。

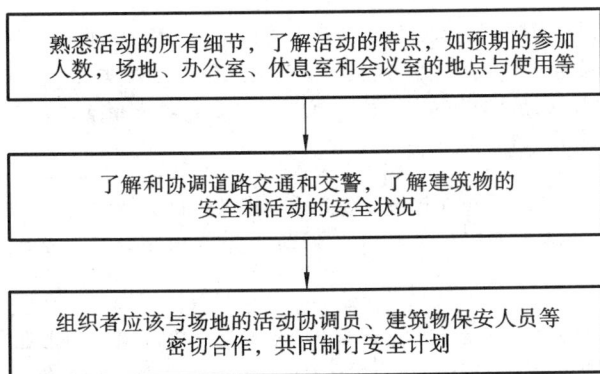

图 2-1　制订安全计划和程序

**(四)评估危机管理计划**

危机管理计划是一个动态的"活文件",它需要不断发展、改进和更新。首先,外部形势不断

45

变化,危机管理计划应该随着外界因素对活动的影响而不断变化。其次,危机发生时,应该及时对危机管理计划的价值进行评估,以确保所有参与人员的安全。最后,任何活动都具有其独特性,如参与者的人数可能变化,活动的场地也可能变化,当这种变化出现时,必须改进和更新已有的危机管理计划。

### (五)活动危机的应变处理

活动危机的形式是多种多样的,每一种危机不论形式,都会对活动构成威胁。应对不测是一切危机管理的基本。第一,我们应该在危机发生前制订危机管理计划,以确保危机到来时有准备地应对;第二,高度重视;第三,临危不乱;第四,快速反应,及早处理;第五,行胜于言,在危机突然降临时,积极的行动要比单纯的广告和宣传手册中的华丽词语更有意义;第六,把握信息发布的主动权。一般来说,在出现危机时最好成立一个新闻中心,将真相告知社会大众,有必要安排一人专门写稿,介绍危机的详细情况以及活动管理者所做出的决策,以保证活动的继续和维护活动的信誉。

# 任务五  对老年人活动策划的评价

## 一、认知老年人活动评价

老年人活动评价包括对已经发生活动的总结和对未来活动的预测。通过评价能总结活动策划、筹备、实施和运作过程是否合理得当,并通过预测对未来的活动进行新的分析评价,其目的是总结经验教训,为以后提高老年人活动工作的效率和效益提供建议,有助于完善管理体系和提高管理水平。

### (一)老年人活动评价分类

在老年人活动的整个过程中,都可以进行活动评价。根据活动评价的时机,将老年人活动评价分为以下三类,见表 2-13。

表 2-13  老年人活动评价分类

| 项 目 | 内 容 |
| --- | --- |
| 目的性活动评价 | 这种评价通常在活动的研究和策划阶段进行,评价的目的是评估举办该活动可能需要的资源和继续这一活动的可能性,从而确定是否可以立项。它是活动项目可行性研究的基础,站在活动项目的起点,对活动从经济角度、社会角度和环境角度进行评估,是衡量活动能否成功的基准 |
| 形成性活动评价 | 形成性活动评价是通过对参与者活动进展情况进行评价,进而影响参与过程的一种评价模式。这种评价通过了解、鉴定活动进展,及时获取调节或改进活动的依据,以提高活动的效率 |
| 总结性活动评价 | 总结性活动评价是指在完成某个活动或某个阶段性活动之后进行的总结评定,是对活动目标达成程度的测定,它通常是在活动后所实施的一种评价 |

### (二)老年人活动评价的目的

(1)通过对活动的时间进行总结和评价,检查活动的预期目标是否达到、策划与管理是否有效,以提高活动组织者的能力和水平。

（2）通过对有效反馈信息的调查和分析，确定老年人活动参与者是否满意，活动的主要效益是否达标，以增强活动利益相关者的投资信心。

（3）通过对活动目的、实施过程、效益、作用和影响进行全面系统分析，从正反两方面总结各种经验和教训，找出成败原因，为以后的老年人活动策划和管理提供决策和管理依据。

（4）通过编写活动评价报告，提供翔实资料和数据给利益相关者，以提升活动形象，为塑造老年人活动品牌提供支持。

**（三）老年人活动评价方法**

通常采用的老年人活动评价方法有以下几种。

**1. 调查法**　调查法既可用于获得定量的数据，也可用于获得定性的描述。调查法针对那些不易深入了解的问题，通过调查、访问、谈话、问卷等方法收集有关资料。调查法主要有以下几种形式。

（1）问卷调查：调研工作中最常用的工具，即为了调查老年人活动的成败与影响，而专门设计、印制的包含评价内容各方面问题的表格，并要求被调查者以书面文字或者符号的形式做出回答，然后进行归纳、整理、分析，并得出一定结论的方法。

（2）谈话调查：指评估主体通过与评估对象及其他有关人员进行面对面交谈、讨论，收集有关的信息资料，并就评估对象的情况做出评估的一种方法。这种方法最大的特点在于，整个过程中评估者与评估对象在交谈过程中相互影响、相互作用，因此，这种方法获得的信息更全面、更直接、更真实。

①电话访谈。这种方法可以在短时间内覆盖较多评估对象，而且成本较低，获得资料方便迅速，但由于时间限制，很难询问比较复杂的问题。这种方法可用于对活动进行定性分析。

②面谈。评估者可以提出较多的问题，以补充个人观察的不足，交谈过程可以相互启发，获取的资料往往比较真实可靠。在整个谈话过程中要保持轻松、和谐的气氛，并随时观察评估对象以随机应变。面谈的形式可以是有组织的座谈、专访，也可以是随机的采访，可询问他们对活动的意见和评价。

**2. 总结述职**　老年人活动结束后，每个工作人员要对自己在活动过程中的工作做述职报告，不论提交书面材料还是口头汇报的形式总结，都是活动评价的内容。

## 二、了解老年人活动评价的内容

**（一）评价人员**

**1. 专业评估人员**

（1）老年人能力评估师：这是健康养老产业首个专业评估类职业，他们具备专业的知识和技能，能够对老年人的生活活动能力、认知能力、精神状态等进行全面评估。在老年人活动中，他们可以作为独立的第三方，对活动的适宜性、效果等进行客观评价。

（2）社会工作者：社会工作者通常具备丰富的社会经验和专业知识，他们能够从社会适应、社会关系网或社会支持等角度对老年人活动进行评价，关注活动对老年人生活的积极影响。

**2. 活动组织者及工作人员**

（1）活动策划者：作为活动的策划者，他们通常对活动的目标、内容、流程等有深入的了解。在活动结束后，他们可以从活动的实施情况、参与者的反馈等方面进行评价。

（2）活动执行人员：活动执行人员负责活动的具体实施，包括场地布置、设备调试、人员协调等。他们能够从活动的实际操作层面进行评价，提出改进建议。

**3. 参与者及其家属**

(1)老年活动参与者：作为活动的直接受益者，老年人对活动的评价具有极高的参考价值。他们可以从个人体验、活动效果等方面进行评价，为活动的改进提出宝贵的意见。

(2)家属：对于需要家属陪同或支持的老年人活动，家属的评价同样重要。他们可以从家属的角度关注活动的安全性、便利性等方面，为活动的优化提供建议。

**4. 其他相关人员**

(1)医疗人员：在涉及健康、医疗等方面的老年人活动中，医疗人员的评价至关重要。他们可以从医学角度对活动的安全性、有效性等进行评估，确保活动不会对老年人的健康造成负面影响。

(2)志愿者：志愿者通常参与活动的筹备和执行过程，他们能够从志愿服务的角度对活动进行评价，提出改进志愿服务流程、提升服务质量等方面的建议。

老年人活动的评价人员应多元化，包括专业评估人员、活动组织者及工作人员、参与者及其家属以及其他相关人员。他们的评价能够从不同角度反映活动的实际情况和效果，为活动的改进和优化提供有益的参考。

**(二)评价时机**

活动评价是活动后续管理中的重要组成部分，不能在活动结束若干年后才开展。活动评价具有时效性，所以具体活动的评价可以分以下阶段进行。

**1. 活动前评价**　在活动正式开展之前进行评价，主要目的是对活动的规划、准备情况进行评估，确保活动的可行性、安全性和有效性。这种评价通常涉及对活动目标、内容、流程、预算、人员安排等方面的审查，以及对潜在风险的评估和预防措施的制订。通过活动前评价，可以及时发现并纠正问题，为活动的顺利进行打下基础。

**2. 活动中评价**　在活动进行过程中进行评价，主要目的是对活动的实施情况进行监控和反馈，以便及时调整活动方案，确保活动目标的达成。这种评价通常涉及对活动现场的观察、参与者的反馈收集、活动效果的初步评估等。通过活动中评价，可以及时发现并解决活动中出现的问题，提高活动的质量和效果。

**3. 活动后评价**　在活动结束后进行评价，主要目的是对活动的整体效果进行总结和评估，以便为未来的活动提供经验和教训。这种评价通常涉及对活动目标的达成情况、参与者的满意度、活动的影响力和效果等方面的分析。通过活动后评价，可以全面了解活动的成功和不足之处，为改进和优化未来的活动提供依据。

**4. 特定时点的紧急评价**　在老年人活动中，如果出现紧急情况或突发事件，如老年人的健康问题、安全问题等，需要立即进行评价以采取应对措施。这种评价通常涉及对紧急情况的性质、严重程度和原因的快速判断，以及制订紧急处理方案。通过紧急评价，可以迅速解决问题，保障老年人的安全和健康。

综上，老年人活动的评价时机应根据活动的具体情况和评价的目的来确定。合理的评价时机可以帮助我们更好地了解活动的实际情况，及时发现问题并采取措施，从而提高活动的质量和效果。同时，评价结果的反馈也可以为未来的活动提供有益的参考和借鉴。

**(三)评价内容**

活动评价内容见表2-14。

表 2-14　活动评价内容

活动名称：

活动时间：

评价时间：

评价人员：

| | 项　目 | A 非常满意 | B 满意 | C 基本满意 | D 不满意 |
|---|---|---|---|---|---|
| 老年人活动状态 | 老年人在活动中是否积极主动？ | | | | |
| | 老年人情绪是否饱满？ | | | | |
| | 老年人与他人互动交流是否充分？ | | | | |
| | 老年人对活动的满意度如何？ | | | | |
| 工作人员 | 工作人员对老年参与者的态度如何？ | | | | |
| | 人员安排是否妥当？ | | | | |
| | 各工作人员是否清楚自己的分工及责任？ | | | | |
| | 工作人员事前准备工作是否足够？ | | | | |
| | (如有主持人可问以下 3 个问题)主持人的形象是否与活动相得益彰？ | | | | |
| | 主持人是否对观众有吸引力？ | | | | |
| | 主持人表达是否清楚？ | | | | |
| 活动安排 | 活动安排是否紧密围绕活动的主题？ | | | | |
| | 各个组成部分先后顺序是否恰当？ | | | | |
| | 活动程序是否如期进行？ | | | | |
| | 活动中的安全保障措施是否到位？ | | | | |
| 活动场所 | 活动场地的布置是否符合主题？ | | | | |
| | 活动场所的指引标识是否醒目、美观？ | | | | |
| | 活动场所的温度、湿度、光线如何？ | | | | |
| | 活动场所的音乐是否适中悦耳？ | | | | |
| | 活动场所是否受到外部噪声的干扰？ | | | | |
| | 各种安全标识和指示牌是否清晰明确？ | | | | |
| | 活动场所是否足够安全？ | | | | |
| 活动时间 | 活动开展的时间是否适宜？ | | | | |
| | 活动的总时长是否合适？ | | | | |
| | 活动环节是否紧凑？ | | | | |
| 宣传促销与融资 | 宣传促销的方式如何？ | | | | |
| | (根据活动具体情况选择此问题)现场购票的观众数量如何？ | | | | |
| | 活动为赞助者带来的收益如何？ | | | | |
| | 活动是否达到预期效果？ | | | | |

续表

| 活动名称： | | | | | | |
|---|---|---|---|---|---|---|
| 活动时间： | | | | | | |
| 评价时间： | | | | | | |
| 评价人员： | | | | | | |
| 其他 | 活动过程中曾遇到哪些困难？将来应如何避免或解决？ | | | | | |
| | 活动过程中疏忽了哪些重要的事？ | | | | | |
| | 活动中有哪些做得出色的地方？ | | | | | |
| | 对将来活动的启示有哪些？ | | | | | |

→ **实践训练**

就"老年常见疾病误区"讲座活动，讨论一下评价的具体内容有哪些？以及如何才能为老年人提供理想的活动体验？

# 策划组织老年人学习类活动

## 任务一　老年人学习类活动策划组织概述

### 一、掌握老年人学习类活动基本概念

#### (一)什么是老年人学习类活动

老年人学习类活动,顾名思义,是指在老年人这一特定人群中开展的,以学习为目的的活动。这些活动旨在丰富老年人的精神文化生活,提高老年人的生活质量和幸福指数。教育学习是社会性的大话题,但老年人的学习类活动却在很长时间里呈现"缺位"的状况。随着时代的进步,为了顺应社会的需求,提升社会各领域的文明程度,"老年人学习类活动"这一话题得到社会及各界人士的广泛关注并得以发展。

#### (二)策划组织老年人学习类活动的目的及意义

**1. 活动目的**

(1)增长知识与技能:老年人可以通过参与学习类活动,获取新的知识和技能,以应对晚年生活中的各种新情况和新环境。

(2)提升自我价值:学习类活动有助于老年人重塑自信,实现自我价值,让他们感受到自己在社会中的价值。

(3)促进社交与互动:老年人学习类活动为老年人提供了一个增进彼此交往、结交新朋友的平台,有助于缓解孤独感,增强社交能力。

**2. 活动意义**　老年人学习类活动主要有以下四个方面的意义。

(1)丰富并充实老年人的文化知识。

(2)活跃身心,使老年人身体与心灵皆得安康。

(3)挖掘并升华老年人的才能禀赋,使其继续为社会发挥余热,做出他们的贡献。

(4)提高老年人的社会参与率,有利于和谐社会的构建。

可见,丰富的学习类活动会给老年人的晚年增添绚丽的底色,让老年人的晚年生活不再单调。

#### (三)老年人学习类活动的分类

根据老年人学习类活动的主题内容进行划分,可分为以下三大类。

**1. 文化知识类**

文化知识类见表3-1。

表 3-1　文化知识类

| 项　　目 | 内　　容 |
|---|---|
| 语言文学类 | 英语及其他语种、普通话、传统文化、文学与创作、古典文学欣赏、史学、旅游文化等 |
| 医学保健类 | 医学保健、中医保健、老年伤科、食疗与营养、手部按摩、足部按摩、老年心理学等 |
| 计算机应用类 | 电脑初级教程、常用软件、网上生活、电子阅读、数码相机应用及后期处理等 |
| 书画摄影类 | 楷书、行书、篆书、草书、隶书、硬笔行书、山水画、花鸟画、工笔画、综合美术、摄影创作、数码摄影等 |
| 综合应用类 | 烹饪、茶艺、花卉养殖、手工艺制作、股票知识、法律知识、孙辈养育与心理培育等 |

**2. 体育健身类**

体育健身类包括太极拳、太极剑、球类、保健操、广场舞、棋类及其他器械类、徒手类活动等。

**3. 文艺表演类**

文艺表演类见表 3-2。

表 3-2　文艺表演类

| 项　　目 | 内　　容 |
|---|---|
| 舞蹈表演类 | 交谊舞、广场舞、民族舞、秧歌、健身舞及其他舞种表演等 |
| 音乐戏曲类 | 京剧及其他受欢迎的剧种唱腔学习、戏曲表演、乐器演奏、模特形体、时装表演、歌咏、声乐等 |

### (四)老年人学习类活动的特点

老年人学习类活动的特点见表 3-3。

表 3-3　学习类活动的特点

| 项　　目 | 内　　容 |
|---|---|
| 参与对象的特殊性 | 老年人是一个特殊的群体。这一特殊性不仅体现在老年人的生理、心理、社会特征上，同时因老年人退休前从事各行各业，还体现在其丰富的社会经验和人生阅历上，许多老年人都具备一专多能或一技之长 |
| 活动内容的实用性 | 老年人学习类活动是根据老年人的生理、心理、社会特征进行的一种特殊教育学习，旨在改善他们的环境，丰富他们的生活，提高他们生活的质量与幸福感。课程设置除满足老年人求知求乐的需求之外，还要有与老年人生活有关的内容，如开设烹饪、电脑初级教程等相关的学习活动，使他们能将所学知识更好地、更科学地运用到日常生活中 |
| 活动服务的至上性 | 老年人学习类活动面对的是老年人这一特殊群体，而服务该群体的原则是服务至上。管理要求宜采取宽松的模式，即宽而不乱、松而不散，体现人性化服务。活动服务管理过程不能采取高度纪律化的硬性管理模式，而必须具备灵活多样的形式、松散可变的结构和机动弹性的过程，以适应老年人的不同情况和需求，调动老年人参与活动管理的积极性。这就要求活动组织方加强活动指导人员和工作人员队伍的建设，形成一支高水平的活动组织人员，这支队伍要热心于老年人学习类活动事业，有高尚的道德，有团结老年人的凝聚力、向心力 |

续表

| 项 目 | 内 容 |
|---|---|
| 学习方法<br>的特殊性 | 　　大部分老年人的经验、阅历较丰富,自主意识较强烈,学习目的较明确,理解能力较强,记忆能力较差,这些特点要求相关工作人员要从老年人的实际出发,在活动中采取灵活多样的引导方法。老年人学习类活动不同于普通的社会性学习,不能采用"注入式""训诫式""封闭式""满堂灌"的方式,而要采用"探讨式""互动式""开放式"的引导方法。要围绕老年人实现自我价值的需求,开展丰富多彩的学习类活动。让老年人自发组织、自由结合、互相交流、共同提高,自觉地把学习气氛延伸到活动外,甚至延伸到社会中。如在活动课堂上要留一点时间让老年人提问,避免老师讲毕,听者鼓掌而终 |

## 二、掌握老年人学习类活动策划思路与组织要点

### (一)老年人学习类活动策划基本流程

**1.明确学习类活动的需求**　　活动开展前,必须要开展相应的学习类活动的需求调研,最大程度地从老年人需求出发,因地制宜地制订学习类活动主题、内容,这是学习类活动中人性化管理的基本要求。可以采取群体座谈会、个人面谈等方式进行调研,形成调研报告,以制订符合特定老年人群体的学习类活动。

**2.确定学习类活动的主题**　　根据调研的结果制订学习类活动的主题,这个主题是相对宏观的活动主旨,可以用来指导具体活动的内容设置。活动主题可以依据不同方面的内容进行策划和相关活动的安排。例如,依据特定的生活价值观提出倡导"中医养生"的主题,再依据这个主题择定具体的学习类活动内容。

**3.确定学习类活动的内容**　　依据调研的结果制定学习类活动的主题,而后依据这个主题制定具体的学习类活动的内容。一个主题可以只有一个活动内容,也可以包含几个活动内容,这要视具体的情况而定,其规模的弹性较大。

例如,在"中医养生"这个主题下可以策划关于"中医养生"的专家讲座,除此之外还可以策划"保健按摩"等学习活动让老年人参与。这样就让学习活动有了不同的可能性。

**4.确定学习类活动的场所**　　依据活动的内容及规模的大小进行活动空间的选择。一般老年人学习类活动可选择在养老院内、酒店内或者适宜的广场、空地等处进行。

### (二)老年人学习类活动的执行与管理

**1.执行要则**

(1)学习类活动中工作人员的要求:工作人员主要是指活动组织方、志愿者、协助的护工或社区工作人员。活动中,工作人员对待老年人应保持诚恳、谦卑、尊敬的态度,保持微笑服务,当好老年人的忠实听众,设身处地为老年人着想,增加与老年人的亲切感,取得老年人的信任。

(2)学习类活动中指导人员的要求:老年人学习类活动效果好不好,主要在于活动有无吸引力、凝聚力,而吸引力、凝聚力的大小,主要取决于知识传授质量,知识传授质量的关键在于指导人员。这里说的指导人员主要是活动核心人员,如组织方负责人、邀请的授课专家教授或主持人等。指导人员要充分了解老年人群体的特点,知道如何去激发和调动老年人学习的积极性与互动性。另外可以考虑针对某些活动内容聘请有名望的专家和学者,专家和学者的名气和品牌效应也是激发老年人学习热情的重要因素。

(3)学习类活动内容要合理化、人性化:"增长知识,陶冶情操,丰富生活,促进健康,服务社

会"是老年人学习类活动的宗旨。学习类活动的内容需要在充分调研的基础上进行策划实施，切忌凭空想象。调研主要是面向参与活动的老年人群体具体展开，通过图表的形式将他们的身体状况、精神状况、学历、兴趣爱好、年龄、背景等相关信息和情况进行汇总，作为策划学习类活动内容的依据。这样做能更好地保障今后开展的学习类活动内容能更符合老年人的真实需求。

（4）学习类活动要适当把控节奏：老年人学习类活动要想获得好的效果，指导人员必须把握好活动的节奏，使活动呈现出和谐的气氛，这样有助于激发老年人的学习热情，主要可以从以下三个方面进行着手。

①针对"学情"调整节奏。老年人往往因年龄不同，知识水平高低不一，在思维力、理解力、意志力、注意力等方面存在较大差异。因此，学习过程中的节奏要灵活多变，指导方式上应采用针对老年人实际状况的方式方法，这样才能集中老年人的注意力，达到事半功倍的效果。

②根据内容确定节奏。老年人学习类活动的内容丰富、门类齐全、风格各异，既有医疗保健、书法绘画、诗词文学等传统主题活动，又有电脑、英语等时兴主题活动。不同内容的学习类活动要采用不同的引导节奏，如书法、绘画等学习类活动采用慢节奏教学；舞蹈、健身等学习类活动可采用快节奏教学；电脑、英语等学习类活动则可视老年人掌握的程度来确定学习节奏。诗词文学类学习不同于其他学习类活动，其节奏应有缓有急，恰到好处，对重点部分，宜用舒缓节奏做精要分析，并交替运用读、讲、议等方式，让老年人在品味中鉴赏，在议、讲中深悟。其他学习类活动以此作为参考原则。

③观察情绪变换节奏。活动组织者不能只盯住活动步骤的推进，而不顾及老年人学习的状态。活动指导人员应将老年人的动态反应尽收眼底，活动中不断研究并调整传授、引导的方法方式。当老年人感觉学习内容浅显时，需加快活动的节奏，适量增加难度；当老年人感到倦怠、精神涣散时，要及时插入与学习内容相关的幽默内容，这样做有助于使老年人精神舒展，骤然振奋，以使他们延续积极思维。

**2. 活动步骤**

（1）调研确定学习类活动内容：对自己负责的老年人群体进行全方位的调研，根据调研结果确定学习类活动的内容。

（2）活动通知环节：通知的方式可以分为口头通知、电话通知以及书面通知。口头通知，这种方式最突出的优点是有当面交流。电话通知，以电话为媒介传递信息，准确，到位，成本较低。书面通知，由于制作需要一定时间，需要提前准备；通知发出后，还要跟踪知晓情况。通知除应写明学习类活动的时间、地点外，还要明确告知活动的内容、参与人员和组织人员，以便参与者做好相应准备。

（3）通知下达后的注意事项：学习类活动开始之前密切关注老年人的身心状况，以确保活动组织者较深入地了解老年人的情况，避免活动开始前因情况了解不足而致老年人出现突发状况。

（4）活动场所的选择与布置：活动场所可以是室外也可以是室内，无论是哪一类，都要根据学习类活动内容的不同状况要求选定。活动场所的选择要基于场所氛围与活动内容相贴合、场所相对安静封闭或半封闭、场所容积与参与老年人数量之间的关系协调来进行。

除了传统的活动场所装点、标识之外，要充分运用多媒体等电子设施来装点场所，不仅要烘托气氛，还要注重点明本次学习类活动的主题要义。

**（三）老年人学习类活动的评价**

老年人学习类活动的评价应该贯穿于整个活动过程，包含三个评价阶段，即活动开展前、活动进行中、活动结束后。评价对象可以选择参与活动的工作人员、指导人员以及参加活动的老年人代表。评价总结是活动执行与管理的重要环节,通过对活动的评价明确成功和不足之处,总结经验教训,对提高活动组织策划者的管理水平有十分重要的意义。

以下是学习类活动几个阶段的对应评价内容(表3-4)。

表3-4 学习类活动几个阶段的对应评价内容

| 活动阶段 | 评价内容 |
| --- | --- |
| 活动开展前 | (1)活动内容是否是老年人身心所需;<br>(2)活动内容是否适合特定群体的老年人;<br>(3)活动所需的资源配备是否合理;<br>(4)活动时的气候、时间、地点选择是否得当;<br>(5)活动通知的内容是否周详;<br>(6)活动所需的基础性设施是否到位;<br>(7)老年人参加活动的身心准备状况是否达到要求 |
| 活动进行中 | (1)活动开始时老年人是否顺利到达;<br>(2)活动是否准时开始;<br>(3)活动之初的现场氛围是否正常;<br>(4)活动场所是否存在外界干扰;<br>(5)活动指导人员能否把握学习进度;<br>(6)是否有老年人难以进入学习类活动的状态;<br>(7)专注学习的老年人学习进程是否顺畅;<br>(8)医护人员能否保持对活动中老年人的高度照护;<br>(9)活动所需的基础设备是否正常;<br>(10)学习类活动是否按预定步骤和时间完成;<br>(11)老年人是否顺利散场归位 |
| 活动结束后 | (1)整理好活动记录;<br>(2)对老年人的满意度进行调查;<br>(3)对学习类活动的成功和不足之处进行整体性总结 |

# 任务二 掌握文化知识类学习活动

## 子任务一 文化知识类活动设计、策划及实施
——老年人中医养生讲座活动

### 一、活动背景

随着社会经济的发展和人口结构的变化,老年人口比例逐渐增加,社会老龄化趋势明显。老年人对健康知识和保健技能的需求日益迫切,特别是对中医养生知识的兴趣浓厚。中医以其独特的理论体系和实践方法,为老年人提供了多样化的养生选择。

### 二、活动目标

(1)向老年人介绍中医的基本概念、阴阳五行理论、脏腑经络学说等,帮助他们理解中医的

独特性和科学性。

（2）针对老年人常见疾病，如高血压、糖尿病、关节炎等，讲解中医的诊断、治疗和预防方法，让他们了解如何在日常生活中运用中医知识来调理身体。

（3）传授老年人一些实用的中医养生方法，如食疗、穴位按摩、太极拳等，帮助他们养成良好的生活习惯，提高生活质量。

（4）增进老年人之间的交流与沟通，促进社区和谐发展。

### 三、活动主题

中医养生，健康你我。

### 四、参与人员

××社区老年人、××社工中心工作人员、××志愿者。

### 五、组织单位

××社工中心。

### 六、活动时间

××年××月××日 9:00—10:40。

### 七、活动地点。

××社区老年活动中心。

### 八、活动流程

老年人中医养生讲座活动流程见表 3-5。

表 3-5　老年人中医养生讲座活动流程

| 活动阶段 | 内　　　容 |
|---|---|
| 活动开展前 | （1）前期调研工作：活动开始前的一周进行社区老年人中医养生知识调研，了解老年人感兴趣的中医养生知识。<br>（2）向社区报备活动内容、场所、所需的设施设备，取得社区的支持。<br>（3）做好活动通知公告，组织好活动报名工作。<br>（4）邀请中医养生知识授课专家或学者，确定好课题、时间、地点等。<br>（5）做好相关的活动筹备工作（所需的设施设备、签到表、流程、注意事项等） |
| 活动进行中 | （1）9:00 前　工作人员布置活动场所，做好相关准备工作。<br>（2）9:00　老年人陆续入场，签到入座。<br>（3）9:10　主持人开场，向老年人介绍本次活动的目的及授课专家或学者。<br>（4）9:20　授课专家或学者开展中医养生知识讲解。<br>（5）10:10　授课互动环节（自由问答环节）。<br>（6）10:30　授课结束，社区领导总结讲话。<br>（7）10:35　主持人宣布活动结束，发放纪念品，合影留念。<br>（8）10:40　老年人离场 |
| 活动结束后 | （1）活动现场整理。<br>（2）活动评价。<br>（3）材料整理归档，媒体报道 |

## 九、活动用品

音箱设备、投影仪、笔记本、话筒、水果、点心、纪念品若干、纸笔等。

## 十、人员安排

总负责人：××；

主持人：××；

记录人：××；

后勤人员：××；

摄影人员：××。

## 十一、媒体支持

××报、××新闻、××政府新闻网。

## 十二、经费预算

专家或学者授课费 2000 元；茶水 300 元；水果、点心 800 元；中医保健礼品盒 5000 元；总计 8100 元。

## 十三、备注

(1)活动前做好老年人关于中医保健知识需求的调研工作。

(2)活动结束后，要对本次学习活动的内容进行总结，并及时对所提出的问题进行意见反馈。

(3)对于参会老年人情况事先要有基本了解，以确保活动的内容适合该老年人群体及符合本次学习类活动的目的。

# 子任务二　文化知识类活动实况及经验分享

本次活动主要是为社区老年人开展中医养生知识讲座，主要内容是从中医手部穴位按摩及食疗方法两方面进行阐述。活动共有 22 名老年人参与，授课专家分享实际的中医食疗方法，让大家能运用到日常生活中。经过专家深入浅出的讲解，参与者都收获到了实用的中医按摩与食疗方法。老年人们表示这样的学习类活动很有意义，希望能定期开展。

## 一、经验分享

**1.内容策划需紧扣主题**　活动前进行了充分的调研，确保活动内容紧扣"探寻传统文化之美"这一主题，以满足参与者的期望。

**2.嘉宾的选择需专业且有趣**　授课专家以其深厚的学术背景和幽默风趣的讲解风格，赢得了现场观众的广泛好评。

**3.互动体验需注重参与感**　通过设置穴位按摩训练、饮食搭配等互动环节，让参与者在轻松愉快的氛围中学习到了中医养生保健的知识，增强了他们的参与感和满意度。

**4.宣传推广需多渠道并进**　活动前，通过社交媒体、线下海报、合作伙伴推荐等多种方式进行了广泛宣传，有效扩大了活动的影响力。

**5.后续跟进需及时有效**　活动结束后，及时通过社交媒体和邮件等方式，向参与者发送了活动回顾和感谢信，增强了他们对活动的归属感和忠诚度。

## 二、改进建议

**1. 增加互动环节的时间**　未来活动中，可以适当增加互动环节的时间，让参与者有更多的机会亲身体验和学习传统文化。

**2. 丰富活动内容**　可以引入更多元化的传统文化元素，如民间工艺、戏曲表演等，以吸引更多不同兴趣爱好的参与者。

**3. 加强线上互动**　可以考虑设置线上直播或录制活动视频，让无法亲临现场的观众也能参与到活动中来，扩大活动的受众范围。

# 任务三　掌握体育健身类学习活动

## 子任务一　体育健身类活动设计、策划及实施
### ——老年人经络保健操教学活动

### 一、活动背景

随着人口老龄化的加剧，老年人的健康问题日益受到社会的关注。经络保健操作为一种简单易学、适合老年人的运动方式，具有增强体质、预防疾病、提高生活质量等诸多益处。为了丰富老年人的业余生活，促进他们的身心健康，特制订本经络保健操教学活动策划书。

### 二、活动目标

(1)推广经络保健操运动，提高老年人的健康意识和身体素质。

(2)为老年人提供一个交流互动的平台，增进彼此之间的友谊和情感。

(3)通过经络保健操活动，缓解老年人的身心压力，提升他们的生活幸福感。

### 三、活动主题

生命不息　运动不止。

### 四、参与人员

×××养老院老年人、××社工部、××志愿者。

### 五、组织单位

×××养老院、××社工中心。

### 六、活动时间

××年××月××日 9：00—10：40。

### 七、活动地点

×××养老院三楼老年活动中心。

### 八、活动流程

活动流程见表3-6。

表 3-6 活动流程

| 活动阶段 | 内 容 |
|---|---|
| 活动开展前 | (1)前期调研老年人对经络保健操的了解程度及是否感兴趣。<br>(2)撰写策划书,并做好人员安排。<br>(3)做好活动通知公告,组织好活动报名工作。<br>(4)邀请志愿者、教学老师,确定好活动时间、教案、视频等相关事宜。<br>(5)做好相关的活动筹备工作(设施设备、签到表、流程、注意事项等) |
| 活动进行中 | (1)9:00前 工作人员布置活动现场,做好相关准备工作。<br>(2)9:00—9:10 老年人陆续入场,签到入座。<br>(3)9:10—9:20 主持人开场,向老年人介绍本次活动目的及授课老师。<br>(4)9:20—10:10 授课老师现场教学经络保健操并强调注意事项。<br>(5)10:10—10:30 老年人跟着老师一起做经络保健操。<br>(6)10:30—10:40 主持人宣布活动结束,合影留念。<br>(7)10:40 老年人离场 |
| 活动结束后 | (1)活动现场整理。<br>(2)活动评价。<br>(3)材料整理归档,媒体报道 |

## 九、活动用品

音箱设备、投影仪、茶水、照相机等。

## 十、人员安排

总负责人:××;

主持人:××;

控场人员:××;

后勤人员:××;

摄影人员:××。

## 十一、媒体支持

××报、××新闻、××政府新闻网。

## 十二、经费预算

无实际经费开支。

## 十三、备注

(1)活动前做好老年人的需求调研工作。

(2)活动结束后,要对本次体育健身类学习活动的内容进行评价。

(3)在体育健身类学习活动过程中,要及时关注老年人的身体情况,防止拉伤、摔倒等安全事故发生。

(4)老年人因学习能力降低,应提前与志愿者老师沟通,教学过程节奏要缓慢,教学动作可重复多次。

## 子任务二 体育健身类活动实况及经验分享

本次活动内容主要是在养老院开展老年人经络保健操教学活动,活动吸引 30 余名老年人参与。授课老师现场一个动作一个动作地教学,让老年人掌握各动作要领,活动反响较好。经络保健操教学活动经验分享见表 3-7。

表 3-7 经络保健操教学活动经验分享

| 项 目 | 内 容 |
|---|---|
| 优点 | (1)经络保健操简单易学,老年人很喜欢。<br>(2)前期准备工作充足,场内有部分志愿者在老年人身边协助他们。<br>(3)示范教学动作时,有志愿者可以协助老师展示动作 |
| 缺点及对未来的建议 | (1)安排座次时不要太紧凑,以防部分老年人需要站起来做操时空间不足。<br>(2)老师教学速度可以放慢些 |

**实践训练**

尝试策划一场"老年人太极拳"学习活动,并拟写一份策划书,可参考以下格式(表 3-8)。

表 3-8 ××活动策划

| | |
|---|---|
| 活动背景 | |
| 活动目标 | |
| 活动主题 | |
| 参与人员 | |
| 组织单位 | |
| 活动时间 | |
| 活动地点 | |
| 活动流程 | |
| 活动用品 | |
| 人员安排 | |
| 媒体支持 | |
| 经费预算 | |
| 备注 | |

# 策划组织老年人竞赛类活动

## 任务一　老年人竞赛类活动策划组织概述

### 子任务一　掌握老年人竞赛类活动基本概念

#### 一、老年人竞赛类活动的定义

老年人竞赛类活动,指专为老年人群体设计、组织并实施的,旨在促进老年人身心健康、增强社交互动、展现个人才能与风采的竞技性活动。这类活动不仅注重参与者的身体锻炼与技能提升,更强调活动过程中的乐趣分享、团队协作与情感交流,是老年教育、文化娱乐和体育健身相结合的重要形式。

#### 二、老年人竞赛类活动的目的

**1.提升老年人的知识储备**　包括健康知识、生活常识、文化素养等方面,以增强他们的自我保健能力和生活质量。

**2.增强老年人的参与感和社会融入度**　通过竞赛活动,减少老年人的孤独感,促进社区和谐发展。

**3.促进老年人的身心健康**　提高老年人的记忆力和思维能力,延缓大脑衰老,丰富他们的精神世界。

**4.搭建交流互动平台**　提供一个老年人交流互动的平台,增进彼此之间的了解与友谊。

#### 三、老年人竞赛类活动的分类

老年人竞赛类活动的分类见表 4-1。

表 4-1　老年人竞赛类活动的分类

| 活动类型 | 含　义 | 活动意义 | 常用活动形式 |
|---|---|---|---|
| 体育类 | 体育类活动是指有计划、有规律、重复性的,以发展身体、增进健康、增强体能为目的的身体活动 | 有助于锻炼老年人的身体协调性、灵活性和思维能力,同时可增强老年人的心肺功能,提高生活质量 | 门球、柔力球、乒乓球、太极拳 |
| 文艺类 | 文艺类活动是指以艺术性、娱乐性和参与性为主要特点的表演项目,旨在愉悦身心、陶冶情操 | 鼓励老年人展示自己在艺术、手工艺或表演方面的特长与爱好,激发创造力和表现欲,提升自信心和成就感 | 歌唱比赛、舞蹈比赛、书法比赛、绘画比赛、手工艺制作比赛 |

| 活动类型 | 含　义 | 活动意义 | 常用活动形式 |
|---|---|---|---|
| 棋牌类 | 棋牌类竞赛活动是锻炼脑、眼、手,使人在其中获得逻辑力和敏捷力提升的活动 | 棋牌竞赛能消愁解闷、转移注意、开发智力、降低阿尔茨海默病的患病率,还能增进友谊、联络感情、驱散孤独 | 象棋、围棋、桥牌 |
| 知识竞赛类 | 知识竞赛类活动是一种旨在通过知识问答、比拼等形式,普及知识、提高参与者学习兴趣和积极性的活动 | 促进老年人持续学习,紧跟时代步伐,拓宽视野,增强脑力活动,预防认知衰退 | 历史文化、时事政治、科学常识、健康养生等多个领域的知识竞赛 |
| 生活技能类 | 生活技能类活动内容丰富多样,旨在帮助个人掌握基本的生活自理技能、烹饪与营养知识、日常物品维护与使用技能、安全与急救知识以及社交与沟通技能 | 通过实践操作展示老年人的生活智慧和动手能力,促进家庭和谐,提升生活质量,同时让老年人在活动过程中享受创造的乐趣 | 烹饪大赛、园艺竞赛、智能家居使用比赛等 |

## 四、老年人竞赛类活动的特点

老年人竞赛类活动具有安全性放在首位、强调趣味性和参与性、注重团队协作与社交、鼓励健康养生和身心愉悦等特点(表4-2)。这些特点共同构成了老年人竞赛类活动的独特魅力,为老年人的晚年生活增添了更多的色彩和活力。

表4-2　老年人竞赛类活动的特点

| 特　点 | 内　容 |
|---|---|
| 安全性放在首位 | 老年人的身体状况相对较弱,因此在设计竞赛类活动时,安全性是首要考虑的因素。活动组织者需要确保所有环节都符合老年人的身体条件和健康要求,避免高风险、高强度的运动或活动,以防止意外伤害的发生 |
| 强调趣味性和参与性 | 老年人参与竞赛类活动的目的更多是为了享受生活、增进友谊、锻炼身体和保持活力,而非追求竞技成绩。因此,活动应具有较强的趣味性和参与性,能够吸引老年人的兴趣,让他们乐于参与并享受其中的乐趣 |
| 注重团队协作与社交 | 老年人往往更加珍视社交和人际关系,因此团队竞赛或需要协作的活动更受他们的欢迎。这类活动不仅有助于老年人之间的交流和互动,还能增强他们的团队合作精神和集体荣誉感 |
| 鼓励健康养生和身心愉悦 | 许多老年人竞赛类活动都融入了健康养生的元素,如打太极拳、跳扇子舞、打柔力球等,这些活动既锻炼身体又愉悦心情。通过参与这些活动,老年人可以学习到更多健康养生的知识,提高身体素质,同时保持积极向上的心态 |
| 适当降低竞赛强度 | 为了适应老年人的身体状况和体能水平,竞赛类活动需要适当降低竞赛强度,这包括缩短比赛时间、减少运动负荷、降低技术难度等。通过调整竞赛规则和标准,确保老年人能够在安全、舒适的环境中参与竞赛类活动 |

续表

| 特　　点 | 内　　容 |
|---|---|
| 提供情感支持和心理慰藉 | 　　老年人竞赛类活动还承担着为老年人提供情感支持和心理慰藉的功能。在活动中,老年人可以感受到来自家人、朋友和社会的尊重和关爱,这种积极的情感体验有助于提升他们的幸福感和生活质量。同时,竞赛类活动也为老年人提供了一个展示自我、实现价值的平台,让他们更多地感受到自己的存在价值和意义 |

# 子任务二　掌握老年人竞赛类活动策划思路与执行

## 一、老年人竞赛类活动策划基本流程

**1.组建和成立组委会**　组委会常由三个大的单位组成,分别为主办单位、承办单位和协办单位,部分竞赛类活动还涉及媒体类等的支持单位。主办单位的主要职责是负责对活动进行指导、协调、把关,如组织相关老年单位或团队和个人积极参与活动,对活动策划、法律事务、宣传报道等工作进行指导、把关。承办单位的主要任务则是负责活动的具体策划与组织、实施工作,将主办单位的理念和精神落到实处。协办单位则是提供相应帮助的。简而言之,主办单位就是领导,负责统筹;协办单位就是其他部门,提供必要帮助;承办单位就是办事员,负责执行所有工作。

**2.明确组委会的组成与职责分工**　根据竞赛类活动的规模,有选择地构建部门分工(表 4-3)。

表 4-3　竞赛类活动组委会组织架构

| 部　　门 | 主　要　职　责 |
|---|---|
| 康乐部 | (1)负责策划、撰写、完善活动方案,细化竞赛流程规则;<br>(2)做好详细财务及物料预算,准备好活动所需要的物资,确保比赛按照原定计划顺利进行;<br>(3)负责处理组委会的日常事务,统筹安排各部门、各阶段活动的工作任务;<br>(4)做好参赛老年人的资格审查和报名工作,根据竞赛规程总则及各单项竞赛规程,汇总和印发总日程表、总秩序册及各种竞赛资料、竞赛指南,抓好竞赛类活动的组织实施 |
| 康乐部 | (1)邀请裁判员、志愿者,并做好裁判员、志愿者的培训工作;<br>(2)座位和场地布置,把控活动场所整体布局;<br>(3)做好比赛现场记录,随时跟踪、完善比赛流程及相关细节,并能处理突发状况,做好协调应对方案;<br>(4)赛前、赛后宣传文字稿件等内容的拟定;<br>(5)现场把控,包括时间、竞赛秩序、竞赛结果、开/闭幕式等;<br>(6)汇总、核定各项目竞赛成绩,发布成绩公报,编印总成绩册,审批创、超纪录事宜;<br>(7)负责奖杯、奖章、奖状和证书的设计与制作,制订颁奖计划并组织实施;<br>(8)负责参会老年人、工作人员和志愿者的纪念品发放工作;<br>(9)安排主持人工作,负责现场流程客串和应急协调 |

续表

| 部 门 | 主 要 职 责 |
|---|---|
| 办公室 | (1)审核康乐部的财务及物料预算,确保物资齐全,比赛按照原定计划顺利进行;<br>(2)审核康乐部上报的请示性公文,做好相关文稿起草以及文印、会务、行政、档案工作;<br>(3)帮助康乐部安排竞赛和训练场地,落实竞赛所需器材、设备;<br>(4)与康乐部做好各项筹备工作的组织、协调、联络和督促工作;<br>(5)负责(重大活动)开、闭幕式活动及其他重要活动的协调工作;<br>(6)海报、横幅、展板、公众号等常规宣传物料制作及挂出、宣传报道;<br>(7)负责现场的多媒体操作和展示片播放;<br>(8)记录现场情况,主要包括拍照片、录短片、闭幕合影等 |
| 护理部 | (1)协助康乐部进行深入的活动宣传;<br>(2)活动前后负责接送老年人入场、离场和根据安排指引老年人到指定位置;<br>(3)活动现场看护老年人,必要时给予帮助,确保参赛老年人的安全;<br>(4)协助康乐部控制时间,统计竞赛结果,做好结果分析与整理;<br>(5)协助康乐部维持现场秩序,保证竞赛顺利进行 |
| 医疗部 | (1)制订应急预案,负责竞赛期间突发意外情况的医疗救护保障;<br>(2)协助康乐部控制时间,统计竞赛结果,做好结果分析与整理;<br>(3)协助康乐部维持现场秩序,保证竞赛顺利进行 |
| 后勤部 | (1)根据要求布置:<br>①桌签、警示标识、导向牌的制作与摆放;<br>②竞赛现场悬挂横幅、场地前排摆放展板;<br>③黑板装饰,说明竞赛概况即可。<br>(2)多媒体设备、话筒等安装、调试。<br>(3)负责善后工作、物资的归还等。<br>(4)负责通信保障工作。<br>(5)加强用电安全的检查和指导。<br>(6)及时提供竞赛举办期间的天气信息和应对方案 |
| 志愿者 | (1)前期接待和现场服务工作;<br>(2)选手及观众的现场指引工作,如门口指引入座、倒水、递话筒、收集评分条、颁奖等;<br>(3)善后工作,收集选手的反馈意见;<br>(4)现场协调参赛选手出场秩序 |

**3. 确定竞赛类型和赛制**　竞赛类活动的重要表现形式和载体就是规模不等的各类赛事。各类赛事根据不同性质和标准可被命名为锦标赛、公开赛、巡回赛、联赛、争霸赛/挑战赛、邀请赛、表演赛等(表 4-4)。常见的赛制有循环赛制、淘汰赛制、打分赛制和混合赛制等(表 4-5)。根据赛事的不同类型、赛制以及参赛人数,在时间程序的安排上通常可有海选、复赛、决赛等(表 4-6)。

表 4-4　常见赛事类型

| 名 称 | 定 义 |
|---|---|
| 锦标赛 | 指在不同地区或竞赛大组的优胜者之间的一系列决赛之一 |

续表

| 名　　称 | 定　　义 |
| --- | --- |
| 公开赛 | 指不限制参加人员身份,职业及业余者皆可参加的比赛 |
| 巡回赛 | 按一定的路线到各处进行比赛活动,通常都是一个赛事组织机构为了扩大该项目的影响力而在不同的地方举办比赛,每个赛点都会产生冠军,最终一系列的冠军会进行一场总决赛,以确定这个赛事的最终冠军 |
| 联赛 | 指多人运动的比赛(如篮球、排球、足球等)中,三个以上同等级的队伍之间的比赛 |
| 争霸赛/挑战赛 | 一般指全国范围的竞赛性比赛,类型涉及体育、娱乐、文化等。比赛最后的冠军一般称为全省冠军、全国冠军或世界冠军 |
| 邀请赛 | 由一个单位或几个单位联合发出邀请,由许多单位参加的体育比赛 |
| 表演赛 | 为扩大影响、交流经验而举办的比赛,着重于技术和战术演示,或活跃群众生活,一般不计名次 |

表 4-5　常见赛制

| 名　　称 | 定　　义 |
| --- | --- |
| 循环赛制 | 在一场比赛中每一竞赛者均与除自身外的所有参赛者轮流捉对(抓阄分队)比赛,依据全部场次的比赛结果判定比赛名次 |
| 淘汰赛制 | 一种竞赛形式,参赛者在输掉一定场数的比赛后会丧失争夺冠军的可能 |
| 打分赛制 | 指通过分数高低直接决出胜负的比赛形式,这种比赛形式较为简单易行 |
| 混合赛制 | 将循环赛制与淘汰赛制等方法在比赛中先后使用,最后决出比赛名次 |

表 4-6　常见比赛规则

| 名称 | 定　　义 | 注　意　事　项 |
| --- | --- | --- |
| 海选 | 意为不设门槛,人人有机会参加。正因为如此,参加人数较多 | (1)人员过多,注意老年人安全;<br>(2)维持现场秩序,保证活动有序进行;<br>(3)人员过多,主办方应注意到每位老年人的情况,避免疏忽而导致老年人情绪波动 |
| 复赛 | 淘汰制体育比赛中已通过初赛的队伍(或运动员)为取得决赛资格而进行的比赛 | (1)主办方应制订严格的比赛机制,把关老年人是否晋级;<br>(2)注意老年人的情绪波动 |
| 决赛 | 决赛就是经过前几次或前几轮的竞赛后,决定名次的最后一次或最后一轮比赛 | (1)确定活动是否公正公平,可以邀请公证员等;<br>(2)对淘汰的老年人进行情绪安抚;<br>(3)注意把握节奏,不应把活动气氛营造得过于紧张,遵循"友谊第一,比赛第二"的原则 |

**4. 参赛条件与报名政策**　参赛条件包括选手可通过何种途径报名、报名截止日期、报名费、年龄、性别、地域、单位等。对于老年人群体,除了这部分还要包括身体状况、有无重大疾病史、心理和认知能力检查报告等。另外在报名时一定要老年人提供至少一位紧急联系人的姓名及联系方式。

**5. 竞赛前期宣传工作** 前期宣传旨在让更多的人提前了解比赛的相关信息,通常可以采用电视、电话、宣传单、社区展板、楼宇视频广告,以及互联网站和社交平台进行宣传。

**6. 竞赛纪律及控制** 对于大多数的竞赛而言,基本的赛场纪律主要包括以下内容。

(1)选手只能在自己的比赛区域活动,不得随意走动。

(2)选手身上佩戴的标号必须是组委会统一定制的。

(3)比赛时不得大声喧哗、打架、骂人。

(4)准时参赛,不迟到、不早退。

(5)比赛时不得接打电话,不得在赛场吸烟等。

除此之外,由于竞赛活动的主要对象是老年人,一旦出现违纪的现象,一定要妥善处理,要充分考虑老年人的自尊与身体需求,切不可强势执行。

**7. 裁判员与现场执裁** 赛事执裁是比赛控制的关键环节,直接关系到比赛的成败,因此赛事对裁判员及其执裁水平有着较高的要求。裁判员不仅要公平公正,严肃执裁,还要做到熟悉比赛规则,严格按照赛程手册上的规则执裁,认真仔细,不放过任何一个细节。

**8. 竞赛的新闻报道** 信息化时代,媒体的报道能够推动活动的影响力,但新闻一定要有新闻点,否则媒体可能无从下笔或者报道的篇幅较小。建议事先准备新闻稿,并及时提供给媒体,或者将最完整的比赛资料发给媒体,以协助其全面了解比赛。对媒体提出的问题要及时答疑解惑,切忌将"记者到场"视为宣传工作的终点,一定要与他们积极互动,主动沟通。

**9. 开/闭幕式流程** 在有些大型竞赛赛事上,设有开/闭幕式环节,实际可根据赛事的具体情况做出增减。常见开、闭幕式流程见表4-7。

表4-7 常见开/闭幕式流程

| 开幕式流程 | 闭幕式流程 |
|---|---|
| (1)奏国歌(全体起立); <br> (2)致开幕词,介绍嘉宾,领导讲话; <br> (3)裁判员代表宣誓,运动员代表宣誓; <br> (4)裁判长宣读比赛规则、比赛纪律要求、注意事项、运动员比赛地点安排等; <br> (5)领导宣布比赛开始 | (1)领导讲话,致闭幕词; <br> (2)宣布成绩,总评这次比赛; <br> (3)领导颁奖; <br> (4)合影留念; <br> (5)宣布比赛结束; <br> (6)准备晚宴 |

设有开幕式的活动一定要注意背景模板的制作,主办、承办、协办以及媒体支持等单位要逐一核对单位全称,不能有误。提前邀请嘉宾和志愿者,排除时间上的冲突。主持人很重要,优秀的主持人不仅可以调节现场的气氛,还能迅速、果断处理各种突发情况,一般选择1~3名主持人,分出正、副主持。

**10. 提前发出比赛通知和秩序册** 正常情况下,在竞赛活动开始前一个月左右发出活动通知,让所有的参赛选手有足够的时间准备。秩序册是竞赛组织和竞赛秩序的依据,无论是单项竞赛、中小型运动会,还是大型综合性运动会,秩序册都应提前下发。

**11. 主持人的大致程序** 在比赛的程序设置中,可以看出整个比赛过程都是由主持人进行调控的,并且主持人还要处理竞赛过程中出现的意外情况。因此,主持人应在赛前熟悉比赛方案,细致推演流程,确保竞赛一旦开始,能够顺畅衔接,灵活处理各环节任务。

---

**小 贴 士**

**常见秩序册的主要内容**

（1）竞赛规程及补充规定。

（2）组委会（领导小组）名单。

（3）各办事机构名单。

（4）运动员、教练员、裁判员守则。

（5）仲裁委员和裁判长、裁判员名单。

（6）各参赛队领队、教练员和运动员名单及编号。

（7）竞赛日程。

（8）竞赛分组。

（9）比赛场地和练习场地示意图。

（10）最高纪录表。

---

（1）宣布竞赛的开始，说清楚竞赛内容。

（2）宣读参赛成员、团队或参赛单位的名单及编号。

（3）宣布出席赛事的领导、名人、赞助企业及其他出席人员。

（4）宣布评委名单、职务、职称、序号。

（5）（如需）宣布竞赛规则。

（6）（如需）在整个竞赛中判定成绩，宣布得分（或扣分）情况，或参与判定成绩。

（7）宣布最后成绩，宣布名次。

（8）宣布颁奖。

（9）宣布竞赛活动结束。

**12. 比赛结果公布及奖品（金）的发放** 比赛结果和奖品（金）能当天公布发放的，就不要拖到第二天，比赛结果要保证公正公平、不偏不倚。工作人员做好奖品（金）获得者的结果记录和领取记录。最后将获得名次的人员名单公布至各种宣传载体上，为下次比赛做宣传。

**13. 做好收尾工作** 在进行赛后总结和处理善后工作的时候，要注意以下工作内容。

（1）安排、协助老年人离场，确保他们安全回到房间。

（2）财务、物资清理结算，场地、器材、桌椅、用具等物资设备的归还和处理工作。

（3）工作总结和撰写宣传文稿并发布。

竞赛活动的组织没有对和错，只有成功和失败。竞赛类活动的成功就是老年人参与度高和反馈好，失败就是老年人的积极性低、参与人数少，导致主办部门唱独角戏，或是策划不当发生重大事故等。

## 二、老年人竞赛类活动组织与执行要点

**1. 老年人棋牌类竞赛活动组织与执行要点** 被列入国际、国内正式比赛项目的棋牌种类，如桥牌、围棋、中国象棋等，都有精确、完善的规则制度；而其他尚未正式列入国际、国内正式比赛项目的棋牌项目，也都有较为具体、合理的、不成文的共识和约定，尽管还不够统一、完善，但只要稍加整理和修订，也能基本适应比赛组织的需要。整理修订竞赛规则时要注意以下几个方面。

（1）规则必须完善：制订规则的基本要求就是完整性。规则的约束力应制约竞赛的整个过程，如稍有疏漏，规则就可能对某个局部失去制约，比赛也可能因此而失控。

（2）规则必须科学合理：制订规则应正确研究和把握棋牌的内在规律，合理地设计规则的结构层次，尽量删繁就简，以便于参赛者和裁判员记忆。

（3）规则必须明确具体：规则是对竞赛双方技术性动作的行为规范。所以，其文字表述一定要标准、精确、翔实。除竞赛规则外，还应有严格的赛场纪律和要求来约束参赛者和观众的言行，杜绝任何可能干扰、破坏赛场秩序的现象发生。

（4）为加强竞赛现场的控制调节，裁判员要负责总体指挥、调度和技术裁定，志愿者则需维持秩序和安全工作。

（5）比赛开始前应由裁判长监督清点参赛者和裁判就位，宣读、讲解竞赛规则，强调赛场纪律和要求，然后发令开赛。

（6）比赛过程中，工作人员应时刻监察赛场变化情况，及时、耐心提醒参赛者规范行为，督促观众文明观赛、遵守纪律，保证比赛有条不紊地顺利进行。

（7）比赛结束时，及时进行综合统计，排出竞赛名次，并组织最后的总结和颁奖工作。

**2. 老年人知识类竞赛活动组织与执行要点**

（1）建立题库：由出题人员搜集整理有关资料，设计编撰各类试题并对试题进行分类组合、择优选用的过程。这是一项复杂严密的综合性技术工作，应着重抓好如下环节。

①坚持正确的出题原则，出题要有智慧性，要有较大的知识量，还应给人以启迪。

②出题要有趣味性，尽量做到意趣并茂，引人入胜。

③出题要有普及性，出题时应注重试题的教育普及价值，不能出偏题、怪题，试题应短小精练，难易适度。

④掌握科学的出题方法。对于老年人而言，更要重视出题方法的科学性，善于捕捉资料内容的内在联系并予以关联组合，以启迪思想，促进知识的融会贯通，达到举一反三的效果。

⑤灵活应用试题类型。知识竞赛的试题是多样化的，如按其性质划分，有概念题、数据、原理题、应用题等；按其形式划分，有填空题、计算题、判断题、选择题、抢答题、必答题、自选题等；按其方法手段来划分，有口答题、笔答题、录像题、图板题、小品题、音乐题等。面对丰富多样的试题类型，关键在于灵活运用，合理搭配，选择适合老年人的题型。

⑥择优选用试题。试题的选择和答案的拟定，均应经出题人员反复讨论审改。出题的数量应比竞赛用题多一倍或数倍，以供择优选用。

（2）确定知识竞赛的计分方法。

①积分计分法是将各队各次答题的分数逐渐相加而取总分的方法。这种计分法答错不扣分，答对就得分，因而只用于必答题的计分中。为鼓励起见，可以设置一个彼此相同的基础分。例如，每队的基础分均为 100 分。

②扣分计分法即将答题失败的分扣除，待应答之题答完，看各方所余之分为多少，多者胜，少者败。

③积、扣结合计分法是知识竞赛中最常用的一种计分方法。这种计分法的具体运用过程：先给各参赛组一个相等的基础分，而后按答题正误，正确则加分，错误则扣分。到一场竞赛结束，以分高者为胜，其他依分数之高低排列名次。

④特别加分和特别扣分是在特殊情况下才使用的计分方法。回答题目有创见、有独到之处，或者对极难的题目能极其准确而流畅地回答出来，博得了广大观众的热烈喝彩，可考虑给予

特别加分。特别扣分,常常是由于选手违反了竞赛规则,如在问题尚未说完,或虽已说完而未宣布"开始"时就抢答,此时可宣布扣分。

⑤书面卷的知识竞赛,发出试卷时要标明如何计分以及各题的分数。注意答卷有时间限制,超出交卷时限的答卷一律不阅。

**3.老年人体育类竞赛活动组织与执行要点**

(1)编排前的准备工作。

①统计参加比赛的队数、人数及报名项目情况,填写统计表,计划比赛场数和比赛轮数。

②各项竞赛编组,根据参加比赛的队数、人数、赛次进行编组。

③编排竞赛秩序表(竞赛日程)。

④汇编秩序册。

(2)老年人体育类竞赛活动编排方法。

①淘汰法:在比赛过程中,逐步淘汰失败者,最后决出优胜者。一般在比赛时间充足、参赛者众多的情况下使用。

②循环法:指参赛者按一定顺序与其他老年人逐一比赛的一种比赛形式。按胜负场数计分并决出名次。

③顺序法:根据时间快慢、距离远近、重量轻重、分数多少等直接确定成绩的比赛方法。

④轮换法:在比赛时,将所有参赛者分成若干组,并在同一时间内分别进行各个项目的比赛,比赛完一个项目后,各组依次轮换,再进行其他项目的比赛。

⑤混合法:同时采用淘汰法与循环法分阶段进行的比赛方法。

(3)老年人体育类竞赛活动编排原则:在编排球类比赛时,应遵循强弱搭配、机会均等、时间合理、项目紧凑的原则,还应考虑场地、保卫、后勤等各方面工作的方便与可行性。

**4.老年人文艺类竞赛活动组织与执行要点**

(1)预演工作:在举行每一场比赛预演时,发放一些入场券或观摩券,使没有机会看到比赛现场的爱好者也能看到精彩的演出,既能提升活动影响力,又能丰富老年人群体的精神文化生活。

(2)颁奖活动:比赛评选结束后,需要安排一次颁奖大会,并可邀请评出的优秀选手进行表演,以进一步展示比赛成果,扩大影响力。

(3)扩大声势:规模较大的文艺大赛可以和新闻单位、文化单位联办,邀请相关机构协办,这样既能扩大社会影响又能得到经济上的赞助,使文艺比赛开展得更加生动、持久,富有生命力。

**5.其他**

(1)实施比赛的注意事项:比赛前要再次核对参赛者的名单,并明确比赛规则、比赛时间,防止参赛者投机取巧。为了避免独裁或误判,尽可能地邀请一些与比赛项目相关的第三方专家参与评判,尤其是进行专业技能比赛时,比赛结果需要同第三方参与人员协商确定。

(2)比赛周期的确定:由于竞赛活动具有可重复性,因此很多活动项目可以反复举行。根据具体活动项目的大小和参与者的需求,可设置每年举行一次、每季度举行一次,或每月举行一次。

## 三、老年人竞赛类活动的评价

组织老年人竞赛类活动时,要不断总结经验,吸取教训,从而把活动组织得越来越好。因此,对每次活动的评价是一项不可或缺的环节。

表 4-8　老年人竞赛类活动的评价

| 评价项目 | | 具体评价项目 |
|---|---|---|
| 评价内容<br>（竞赛活动阶段） | 活动<br>开展前 | (1)参赛者是否熟悉比赛项目；<br>(2)场地、音控设备等是否安排好；<br>(3)确定相关人员是否通知到位；<br>(4)比赛规则的科学性和可操作性是否经过验证；<br>(5)所需要的物资、奖品是否准备齐全；<br>(6)裁判、工作人员、志愿者是否已进行培训；<br>(7)比赛规则与注意事项是否讲解到位；<br>(8)突发应急情况是否有应急预案；<br>(9)是否安排人员负责拍摄工作 |
| | 活动<br>进行中 | (1)参赛者比赛时是否有异常情况；<br>(2)关注参赛者活动中的投入状况、情绪及状态；<br>(3)比赛中参赛者、观众、志愿者有无违规、违纪现象；<br>(4)比赛中参赛者是否有出现脑梗死、摔跤等突发意外情况；<br>(5)比赛赛制、规则、流程、时间是否合适；<br>(6)整常比赛掌控程度是否较好，比赛是否顺利进行；<br>(7)如厕、洗手是否方便 |
| | 活动<br>结束后 | (1)参赛者、观众、志愿者是否安全离场；<br>(2)老年人对活动是否满意，他们有什么意见或者建议；<br>(3)老年人是否增长了见识，提高了能力；<br>(4)物资设备是否归还、处理到位 |
| 评价时机 | | 　　对于竞赛类活动的评价，可以穿插在活动的各个阶段，并一直延续到活动结束，因为在此时间段内老年人对一系列活动印象深刻，意犹未尽，参与评价的意识较强。比如，准备时、比赛时、观赛时、领奖时，都可有意识地提出该话题，让老年人畅所欲言。在老年人评价竞赛类活动时，组织者要虚心听取，有必要的话可对活动进行适当调整 |
| 评价方式 | | 　　组织者可以通过活动后的个别访谈、抽样座谈、填写调查问卷和不记名投票等形式完成评价环节 |
| 评价人员 | | 　　老年人、护理员、医护人员、后勤人员、志愿者、裁判、组织者等都可以参与评价 |

▶ 实践训练

　　某县民政局要举办全县范围内年度老年人运动会，请同学们以小组为单位，成立组委会，阐述并细化各组的工作职责。

# 任务二　掌握棋牌类竞赛活动

棋牌类的活动很多,棋类有象棋、五子棋、飞行棋等,牌类有八十分、斗地主、麻将等,本任务以×××养护院象棋大赛为例进行阐述。

## 子任务一　棋牌类竞赛活动设计、策划及实施
### ——×××养护院象棋大赛

### 一、活动背景

棋牌活动在我国有着深厚的群众基础,是非常健康的文化娱乐活动。棋牌活动不仅可提高人的记忆力和大脑思维能力,还可以培养人们良好的品德修养和紧密协作、适应环境的团队精神。

### 二、活动目的

(1)推进养护院的文体活动,以棋会友,修身养性,让老年人在活动中感到快乐,得到幸福,帮助其安享晚年。

(2)丰富老年人的闲暇时间,减缓老年人的记忆力下降,减轻老年人的孤独感,帮助老年人充分利用时间,锻炼自己。

(3)给老年人一个展示自己、结交朋友的平台,拓宽老年人的社交渠道和朋友圈。

### 三、活动主题

以棋会友　棋乐融融。

### 四、参与人员

养护院内对象棋感兴趣的老年人、康乐部成员、办公室成员、护理员、医生。

### 五、组织单位

×××养护院。

### 六、活动时间

××年××月××日 13:00—15:30。

### 七、活动地点

×××养护院二楼活动室。

### 八、活动流程

**1.活动开展前**

(1)利用院内宣传栏进行宣传;拟定通知内容并由护理部进行宣传。"以棋会友　棋乐融融"象棋赛报名汇总表见表4-9。(参赛老年人可以在本楼层组长处报名,也可以在康乐部报名,康乐部最终对参加活动的老年人进行汇总登记。)

表 4-9　"以棋会友　棋乐融融"象棋赛报名汇总表

| 姓名 | 性别 | 年龄 | 棋龄 | 楼层/房间号 |
|---|---|---|---|---|
|  |  |  |  |  |
|  |  |  |  |  |
|  |  |  |  |  |
|  |  |  |  |  |

（2）邀请裁判、志愿者并对他们进行培训和分工。

（3）会场布置（制作横幅、张贴海报、设置计分板、摆放奖品等）。

（4）制订比赛规则和赛场纪律：

①遵循"友谊第一，比赛第二"的原则，讲究棋风、棋德，赛出风格，比出水平。

②实行单（败）淘汰赛制。

③双方猜拳决定红绿棋的归属，由执红棋的一方先走。

④第一轮获胜者进入复赛，复赛获胜者进入决赛，依此类推，最后决出优胜者。

⑤第一轮进行抽签对阵，后几轮进行前轮小组胜出者对阵。

（5）奖品设置及物资准备。

**2. 活动进行中**

（1）12：00—13：00，后勤人员协助康乐部人员进行场地安排和音响、投影调试。

（2）13：00—13：20，护理部人员协助康乐部人员将老年人接至活动室；其他工作人员各就各位；志愿者协助入场的老年人抽签找组别和对手。

（3）13：20—13：30，主持人讲话并进行游戏讲解，裁判代表和参赛选手代表讲话。

（4）13：30—15：00，比赛正式开始（志愿者需随时帮助不明白比赛规则的老年人）。

（5）15：00—15：30，颁奖。

（6）15：30，活动结束并合影留念。

**3. 活动结束后**

（1）护理部人员送老年人回楼层。

（2）后勤部、医疗部、办公室、康乐部人员做场地清理。

（3）收集活动照片和视频并转发至家属群。

（4）撰写新闻简稿，发送在院微信公众号内。

（5）写活动总结并上报。

## 九、活动奖品

一等奖：象棋一套。

二等奖：洗护用品全套。

三等奖：洗发水一瓶。

参与奖：香皂一块。

## 十、人员安排

"以棋会友　棋乐融融"象棋赛人员安排见表 4-10。

表4-10 "以棋会友 棋乐融融"象棋赛人员安排

| 岗 位 | 姓名 | 职 责 | 联系电话 |
|---|---|---|---|
| 会场总负责人兼主持人（1人） | | 负责会场内工作的整体协调;活动主持 | |
| 礼仪、接待(3人) | | 负责协助老年人入场、指引、接待、颁奖工作,发放资料,讲解赛场规则等。收发评分结果,统计分数并交给主持人 | |
| 医务人员(1人) | | 防止老年人突发疾病而设置,医生经验丰富,能够独立处理突发事件。比赛中协助志愿者讲解比赛规则 | |
| 维修人员(1人) | | 负责音响调试、幻灯片放映等维修调试类工作 | |
| 志愿者(2人) | | 配合其他岗位完成临时任务 | |

## 十一、经费预算

"以棋会友 棋乐融融"象棋赛经费预算见表4-11。

表4-11 "以棋会友 棋乐融融"象棋赛经费预算

| 项 目 | 数 量 | 金额/元 | 备 注 |
|---|---|---|---|
| 象棋 | 5副 | 100 | 中国象棋 |
| 会场布置及宣传 | 1块 | 200 | 展板、横幅等 |
| 尿布 | 1包 | 50 | |
| 尿垫 | 2包 | 60 | |
| 洗发水 | 3瓶 | 75 | |
| 香皂 | 20块 | 160 | |
| 水果 | 若干 | 100 | |
| 合计/元 | | 745 | |

## 十二、备注

(1)鉴于棋牌类比赛不同于其他体育比赛,本次大赛需要一个较为安静的氛围以利于选手的发挥。需要工作人员协助维持好赛场内的秩序,保证参赛选手能够最大限度地发挥自己的实力。

(2)观棋不语真君子,工作人员要提醒观战的老年人和员工不要为比赛选手支招。

(3)注意赛场卫生,确保活动过后场地的清洁卫生。

(4)如遇突发疾病,由医生及时予以急救,必要时拨打120送医治疗。

(5)活动中若发生争吵等现象,志愿者及护理部人员应及时制止并调解。

### 子任务二 棋牌类竞赛活动的活动实况及经验分享

本次象棋竞赛类活动参赛的老年人虽然不是很多,但不管是参赛者还是观众都兴致盎然,有位老年人平日不爱参加活动也不爱说话,但今日参赛表现很活跃,当想要"露一手"时,无奈自已的对手比较厉害,最终打了个平手。"以棋会友 棋乐融融"象棋赛活动经验分享见表 4-12。

表 4-12 "以棋会友 棋乐融融"象棋赛活动经验分享

| 项 目 | 内 容 |
|---|---|
| 优点 | (1)打破常规的棋牌活动,设立竞赛及奖品激励,鼓励老年人积极参加活动。<br>(2)给老年人提供一个展示自己、结交朋友的平台,拓宽老年人的社交渠道和朋友圈。<br>(3)棋牌类活动有利于减缓老年人记忆力下降以及阿尔茨海默病的发展,宜多组织 |
| 缺点及对未来的建议 | (1)活动时间的安排要尽可能符合老年人的作息时间。所以活动安排在老年人精神状态最佳的时候,且时间控制在 1.5 小时左右。<br>(2)安排医护人员在旁守护,大部分老年人都表示比赛起来很心安。<br>(3)比赛场所和通道要尽可能宽敞,以方便行动不便或坐轮椅的老年人入席。<br>(4)在活动现场设置明显的卫生间标示,以方便老年人如厕。<br>(5)下次组织棋牌活动的时候可以多类别一起组织。<br>(6)建议先确定报名老年人人数,再采购奖品,避免出现物资不足或浪费 |

### ▶ 实践训练

试着和同学一起策划一场"歌曲对对碰"的知识类竞赛活动,并收集知识类竞赛活动的计分方式,找出最适合"歌曲对对碰"的计分方式。

# 任务三 掌握体育类竞赛活动

常用的体育类竞赛活动有趣味套圈、打保龄球、沙包投篮、乒乓竞走、投筷进瓶、打地鼠等,此类活动也是养老机构中最常开展、老年人最喜欢的竞赛类活动。本任务以×××养护院"我运动,我健康,我快乐"老年趣味运动会为例进行阐述。

## 子任务一 体育类竞赛活动设计、策划及实施
### ——×××养护院老年趣味运动会

### 一、活动背景

生命在于运动,为丰富老年人文化体育生活,增强老年人身体素质,引导乐观向上的心态,×××养护院开展"我运动,我健康,我快乐"金秋老年趣味运动会。

### 二、活动目的

(1)陶冶情操,颐养精神,交流思想,锻炼身体。

(2)丰富老年人晚年的精神文化娱乐生活,增进老年人之间的交流,让他们时时刻刻能感受到养护院的温暖。

(3)提高老年人们的活动兴趣,增强他们的参与积极性。

### 三、活动主题

我运动,我健康,我快乐。

## 四、参与人员

养护院老年人、康乐部员工、综合办公室员工、护理部员工、后勤部。

## 五、组织单位

×××养护院。

## 六、活动时间

××年××月××日14:00—15:45。

## 七、活动地点

×××养护院二楼活动室。

## 八、活动流程

**1. 活动开展前**

(1)确定运动会比赛项目:如趣味套圈、打保龄球、沙包投篮、乒乓竞走、投筷进瓶。

(2)利用院内宣传栏进行宣传,拟定通知内容并由护理部进行宣传,参赛者统一到康乐部报名,康乐部最终对参加活动的老年人进行汇总登记。"我运动,我健康,我快乐"老年趣味运动会报名汇总表见表4-13。

表4-13 "我运动,我健康,我快乐"老年趣味运动会报名汇总表

| 趣味套圈 | 打保龄球 | 沙包投篮 | 乒乓竞走 | 投筷进瓶 |
|---|---|---|---|---|
|  |  |  |  |  |
|  |  |  |  |  |
|  |  |  |  |  |
|  |  |  |  |  |
|  |  |  |  |  |
|  |  |  |  |  |
|  |  |  |  |  |

(3)准备活动所需要的物品及整理。

(4)康乐部拟定比赛项目游戏规则,统一指导、培训参赛者进行训练,学习。"我运动,我健康,我快乐"老年趣味运动会计分表和规则见表4-14。

表4-14 "我运动,我健康,我快乐"老年趣味运动会计分表和规则

| ××项目 计分表(正面) | | |
|---|---|---|
| 裁判: 计分员: 协助人员: | | |
| 姓名 | 得分 | 备注 |
|  |  |  |
|  |  |  |

规则(反面)

比赛项目:趣味套圈。

物资准备:套圈 10 个,圆形柱 1 个,红色透明胶 1 卷。

距离:2 米。

比赛规则:每人只有一次机会,10 个圈,投中 1 个得 2 分,总分 20 分。脚不能过线,越线犯规,当次成绩作废

---

规则(反面)

比赛项目:打保龄球。

物资准备:保龄球 10 个,圆形球 1 个,红色透明胶 1 卷。

距离:2 米。

比赛规则:推球冲击保龄球,推倒 1 个保龄球得 2 分,10 个保龄球共 20 分,每人 3 次推球机会。脚不能越线,越线犯规,当次成绩作废

---

规则(反面)

比赛项目:沙包投篮。

物资准备:沙包 10 个,垃圾桶 1 个,红色透明胶 1 卷。

距离:2 米。

比赛规则:往垃圾桶内扔沙包,投进 1 个沙包得 2 分,10 个沙包共 20 分。脚不能越线,越线犯规,当次成绩作废

---

规则(反面)

比赛项目:乒乓竞走。

物资准备:乒乓球 10 个,脸盆 2 个,桌子 1 张。

比赛规则:桌上并排放置 2 个盛满水的脸盆,在离参赛者最近的盆内放置 10 个乒乓球,参赛者需在 2 分钟内把乒乓球从盆内吹至另一个盆中,转移 1 个得 2 分,10 个球共 20 分。只能用嘴吹,不可用手,犯规者不得分,掉出者不得分,超时者不得分

---

规则(反面)

比赛项目:投筷进瓶。

物资准备:矿泉水瓶 10 个,筷子 10 根,桌子 1 张。

比赛规则:放置一张桌子,桌子一面站着参赛者,另一面放置一个矿泉水瓶,参赛者将筷子拿起至桌面高度,然后将筷子投入水瓶内,投入 1 根得 2 分,10 根共 20 分,每位参赛者一次机会。高度不够者不得分

(5)裁判邀请及人员分工。

(6)场地布置。

**2.活动进行中**

(1)11:00—13:30,布置场地、安排桌椅。

(2)13:30—13:50,老年人入场。

(3)13:50—14:00,开幕式(主持人开场、领导致辞、主持人介绍游戏规则宣布比赛正式开始)。

(4)14:00—14:15,趣味套圈。

(5)14:15—14:45,打保龄球。

(6)14:30—15:00,沙包投篮。

(7)14:45—15:15,乒乓竞走。

(8)15:00—15:30,投筷进瓶。

(9)15:30—15:45,闭幕式(颁奖),颁发各项奖品。

**3.活动结束后**

(1)志愿者协助护理部人员将老年人送回房间。

(2)其他部门员工搬运桌椅、归还物品。

(3)清扫场地。

(4)收集照片、视频并转发至家属群。

(5)撰写新闻稿发布在微信公众号内。

(6)总结活动并上报。

## 九、活动用品

趣味套圈:套圈 10 个,圆形柱 1 个,红色透明胶 1 卷。

打保龄球:保龄球 10 个,圆形球 1 个,红色透明胶 1 卷。

沙包投篮:沙包 10 个,垃圾桶 1 个,红色透明胶 1 卷。

乒乓竞走:乒乓球 10 个,脸盆 2 个,桌子 1 张。

投筷进瓶:矿泉水瓶 10 个,筷子 10 根,桌子 1 张。

## 十、人员安排

**1.康乐部**

(1)负责比赛场地布置,准备话筒 2 支。

(2)播放音乐,负责拍照人员 1 名。

**2.护理部**

(1)负责组织老年人参与活动及照看场上老年人安全。

(2)演出结束后,负责老年人安全离场。

**3.医务部**

医务部安排 1 名医护人员负责场上医疗服务。

"我运动,我健康,我快乐"老年趣味运动会人员安排见表 4-15。

表 4-15 "我运动,我健康,我快乐"老年趣味运动会人员安排

| 比赛项目 | 趣味套圈 | 打保龄球 | 沙包投篮 | 乒乓竞走 | 投筷进瓶 |
|---|---|---|---|---|---|
| 裁判员 | | | | | |
| 计分员 | | | | | |
| 协助人员 | | | | | |

## 十一、经费预算

"我运动,我健康,我快乐"老年趣味运动会经费预算见表 4-16。

表 4-16 "我运动,我健康,我快乐"老年趣味运动会经费预算

| 项　目 | 数　量 | 金额/元 | 备　注 |
|---|---|---|---|
| 趣味套圈 | 1套 | 20 | |
| 保龄球 | 1套 | 50 | |
| 沙包 | 10个 | 30 | |
| 乒乓球 | 10个 | 15 | |
| 红色透明胶 | 3卷 | 5 | |
| 奖品 | 若干 | 170 | 沐浴露、袜子、润肤霜、餐巾纸 |
| 合计/元 | | 290 | |

## 十二、备注

(1)活动工作人员必须服从指挥和调度,保持手机通信畅通。

(2)活动工作人员必须严格遵守活动安排。

(3)宣传工作做到位,保证参与人数。

(4)确保活动准备充分。

(5)活动过程中注意维持现场秩序。

(6)活动工作人员必须尽心尽责。

(7)活动期间确保老年人安全。

## 子任务二　体育类竞赛活动的活动实况及经验分享

运动会现场,虽然没有激烈的身体对抗,但每一个比赛项目考验的都是老年朋友们眼和手的协调能力,整个比赛现场氛围高涨,不时传出一阵阵欢声笑语,既有竞争性又充满趣味性。本次运动会展现了在院老年人的风采,丰富了他们的精神文化生活,营造了"展示阳光心态、体验美好生活"的良好氛围。老年人们都玩得特别开心,活动结束还意犹未尽,称下次还要再参加。"我运动,我健康,我快乐"老年趣味运动会活动经验分享见表 4-17。

表 4-17 "我运动,我健康,我快乐"老年趣味运动会活动经验分享

| 项　目 | 内　容 |
|---|---|
| 优点 | (1)游戏多样、趣味性强、难度适宜,老年人参与度高。<br>(2)现场临时针对轮椅老年人和站立的老年人设立不同评分标准,人性化的操作让参赛的老年人很开心 |
| 缺点及对未来的建议 | (1)趣味套圈、沙包投篮和投筷进瓶三个游戏性质相近,有点重复,建议下次可以岔开。<br>(2)建议开展老年运动会之前给老年人一周的练习时间,让他们熟悉游戏、摸索技巧。<br>(3)游戏顺序安排上先易后难、难易交叉,这样有助于提升老年人的积极性和自信心。<br>(4)了解活动当天天气信息,并有相应的应对方案 |

→ **实践训练**

以小组为单位,编写一份以"九九重阳节"为背景的体育类竞赛活动策划书,并与其他小组交换评价。

# 任务四　掌握文艺类竞赛活动

常用的文艺比赛有图画类(涂色、描绘等),手工类(丝网花、编织类、串珠等),书法类,歌舞类等,形式丰富多彩。文艺类竞赛活动是养老机构中日常康乐活动的特色。本任务以×××养护院"秋韵相伴　创意无限"树叶贴画比赛为例进行阐述。

## 子任务一　文艺类竞赛活动设计、策划及实施
### ——×××养护院树叶贴画活动

### 一、活动背景

秋天是个美丽的季节,秋姑娘挥舞着神奇的魔法棒,大地到处铺上了金黄色的地毯。道路旁千姿百态的树叶,有的像手掌,有的像羽毛……多么美妙! 为了让老年人亲近自然,感知季节变换,留住一份秋的回忆,特组织开展树叶贴画比赛。

### 二、活动目的

通过欣赏树叶贴画的艺术美,激发老年人的创造欲和学习热情,培养老年人的动手、动脑能力,提高其审美能力。

### 三、活动主题

秋韵相伴　创意无限。

### 四、参与人员

×××养护院老年人、员工。

### 五、组织单位

×××养护院。

### 六、活动时间

××年××月××日 13:00—15:40。

### 七、活动地点

×××养护院二楼活动室。

### 八、活动流程

**1. 活动开展前**

(1)告知护理部或者直接到楼层通知老年人树叶贴画竞赛活动事项。

(2)收集各种适合贴画制作的树叶材料。

(3)挑选整理各种形状的树叶,准备彩笔、硬纸板、彩色卡纸、剪刀、胶棒、双面胶等。

(4)收集一些简单、易操作的贴画样式供参考和观摩。

(5)邀请评委和志愿者,解说评分标准。"秋韵相伴　创意无限"树叶贴画比赛评分表见表4-18。

表 4-18 "秋韵相伴　创意无限"树叶贴画比赛评分表

| 姓名 | 想象力<br>(35 分) | 贴画水平<br>(30 分) | 构图完整度<br>(20 分) | 色彩搭配<br>(20 分) | 整洁度<br>(15 分) | 总得分<br>(120 分) |
|---|---|---|---|---|---|---|
| | | | | | | |
| | | | | | | |
| | | | | | | |
| | | | | | | |
| | | | | | | |

**2.活动进行中**

(1)13:00—14:00,康乐部人员布置好活动场地、桌椅、背景及音乐等。

(2)14:00—14:30,护理部人员协助康乐部人员将老年人接至二楼活动室参加活动。

(3)14:30—14:40,主持人宣布活动开始,解说比赛规则和评分标准。

(4)14:40,比赛正式开始;考虑到参赛者身体原因的特殊性,志愿者和工作人员在一旁进行指导、协助。

(5)15:30,比赛结束,评委对每样作品进行点评和打分。

(6)15:40,选出获奖作品,并颁发奖品、合影。

**3.活动结束后**

(1)活动结束,护理部人员将老年人送回房间。

(2)收拾活动场所,归还工具、还原桌椅。

(3)收集照片、视频,编写文稿,发布微信公众号。

(4)整理老年人作品,过塑,在大厅展示。

(5)活动总结并上报。

## 九、活动用品

"秋韵相伴　创意无限"树叶贴画比赛活动用品见表 4-19。

表 4-19 "秋韵相伴　创意无限"树叶贴画比赛活动用品

| 序　列 | 物　品 | 备　注 |
|---|---|---|
| 1 | 各种树叶若干 | |
| 2 | 白纸、彩纸各 15 张 | |
| 3 | 剪刀 6 把 | |
| 4 | 双面胶 4 卷 | |
| 5 | 不干胶 2 个 | |
| 6 | 彩笔、铅笔、橡皮 2 套 | |
| 7 | 贴画 | |

## 十、人员安排

"秋韵相伴　创意无限"树叶贴画比赛人员安排见表 4-20。

表 4-20 "秋韵相伴 创意无限"树叶贴画比赛人员安排

| 姓　　名 | 分　　工 | 具体事项 |
|---|---|---|
| ×× | 策划/摄影 | 策划活动流程,摄影/拍照 |
| ×× | 主持人 | 主持整场活动 |
| ×× | 评委 1 | 对老年人作品进行点评 |
| ×× | 评委 2 | 对老年人作品进行点评 |
| ×× | 评委 3 | 对老年人作品进行点评 |
| ×× | 评委 4 | 对老年人作品进行点评 |
| ×× | 志愿者 1 | 协助布置活动室、协助老年人贴画 |
| ×× | 志愿者 2 | 协助布置活动室、协助老年人贴画 |

## 十一、经费预算

"秋韵相伴 创意无限"树叶贴画比赛经费预算见表 4-21。

表 4-21 "秋韵相伴 创意无限"树叶贴画比赛经费预算

| 项　　目 | 数　　量 | 金额/元 | 备　　注 |
|---|---|---|---|
| 奖状 | 6 张 | 30 | |
| 洗发水 | 1 瓶 | 15 | |
| 香皂 | 2 块 | 10 | |
| 餐巾纸 | 3 盒 | 9 | |
| 润肤霜 | 24 瓶 | 72 | |
| 双面胶 | 4 卷 | 12 | |
| 胶棒 | 2 支 | 10 | |
| 合计/元 | | 158 | |

## 十二、备注

(1)老年人使用利器时需有护理人员或志愿者的看护和帮助,以防伤到老年人自己或他人。

(2)贴画过程中因考虑到老年人的身体实际状况,志愿者在维持活动现场秩序的同时,可适当给予老年人协助。

(3)评委评分须公正、公平、公开,不得偏袒。

(4)志愿者和工作人员要照顾到会场每位老年人,让每个人都参与其中。

## 子任务二　文艺类竞赛活动的活动实况及经验分享

活动初期,一位老年人束手无策、愁眉苦脸,志愿者鼓励其动起手来,老年人多次不予理睬。另一位志愿者与老年人沟通,共同选材定主题,然后让老年人自己粘贴,并不停地给予夸奖,老年人情绪逐渐兴奋起来,后面逢人就展示自己的作品。颁奖时其作品并未获奖,但老年人自认为自己的作品很漂亮,一直等着上台领奖,主持人临时决定增加奖项颁予老年人,老年人最后开开心心地离开了活动室。

在这类活动中一定要做好前期作品收集工作,同时评分标准和结果也要公开透明,要兼顾所有参赛者的心理动态,否则这类活动极易失败或得到负面评价。"秋韵相伴 创意无限"树叶贴画比赛活动经验分享见表 4-22。

表 4-22 "秋韵相伴 创意无限"树叶贴画比赛活动经验分享

| 项　　目 | 内　　容 |
|---|---|
| 优点 | (1)活动符合季节,贴近自然,操作性强。<br>(2)考虑到老年人的实际情况,活动前期做了充分的准备工作,活动中期开展顺利。<br>(3)评分标准和结果公开透明。<br>(4)本次活动设立了一、二、三等奖,拿到奖状的老年人很开心,活动效果很好 |
| 缺点及对未来的建议 | (1)操作性的活动,志愿者要给予老年人必要的帮助,多带动、多鼓励,让老年人参与其中,动起来。<br>(2)志愿者维持秩序的同时要兼顾参赛者的心理动态,否则这类活动极易失败或得到负面评价。<br>(3)在比赛中没有得到名次的老年人,也需要设立特别参与奖,给老年人颁发奖品,以鼓励老年人下次参与。<br>(4)物资准备时奖品应尽量多准备一些,以备临时增设奖项的需要 |

➡ 实践训练

1.元旦即将来临,某养老院准备筹备一次舞蹈比赛,请以小组为单位,编写一份文艺类竞赛活动策划书,并与其他小组交换评价。

2.如何更好地运用外界资源来协助举办老年人文艺类竞赛活动?

# 策划组织老年人观赏类活动

## 任务一　老年人观赏类活动策划组织概述

### 子任务一　掌握老年人观赏类活动的基本概念

#### 一、老年人观赏类活动的概念

老年人观赏类活动,指在一定的情境中,组织老年人观看、欣赏各类表演、影视、民俗文化、自然风光等适合老年人身心特点的活动。通过参与各类观赏类活动,老年人可以增长见识,愉悦心情,抒发情感,增加交流,从而提升幸福感。

#### 二、老年人观赏类活动的分类

根据参与形式的不同,老年人观赏类活动可以分为现场观赏类活动和非现场观赏类活动两大类。

**1. 现场观赏类活动**　老年人现场观赏类活动中,老年人自身参与到活动现场中,身临其境,活动观赏体验感较强,对老年人的身体状况也有一定的要求。对于组织者来说,现场类活动涉及具体的观赏地点、观赏对象、相关单位等,对策划、组织过程有较高的要求。根据观赏对象的类别,老年人现场观赏类活动主要包括以下几种(表5-1)。

表 5-1　老年人现场观赏类活动

| 类　别 | 举　例 |
|---|---|
| 现场表演观赏 | 歌舞、戏曲、相声、小品、朗诵等现场表演观赏 |
| 自然景观观赏 | 花鸟鱼虫、青山绿水、日出日落等自然景观观赏 |
| 艺术作品观赏 | 书法、绘画、手工、设计等作品观赏 |
| 民俗活动观赏 | 庙会、舞龙舞狮、春节灯展、冰展等民俗活动观赏 |
| 历史文化景点观赏 | 历史博物馆、革命纪念馆、科技馆等历史文化景点观赏 |

**2. 非现场观赏类活动**　随着互联网的普及,信息传播变得简单便利。非现场观赏类活动就是借助多媒体等媒介让老年人观赏到感兴趣的各种节目、表演、信息、资讯等。非现场观赏类活动既可以丰富老年人的日常生活,又可以让老年人了解社会环境的发展变化。相对现场观赏类活动来说,非现场观赏类活动的组织较为简单,其主要类别包括以下几种(表5-2)。

表 5-2　老年人非现场观赏类活动

| 类　　别 | 举　　例 |
|---|---|
| 影片观赏 | 经典老电影、喜剧电影、传记电影等影片观赏 |
| 电视节目观赏 | 戏曲节目、养生保健、新闻报道、体育赛事等观赏 |
| 大型庆典直播观赏 | 大型庆典直播观赏,如中华人民共和国成立75周年阅兵式直播观赏等 |

## 三、老年人观赏类活动的特点

老年人观赏类活动的特点见表 5-3。

表 5-3　老年人观赏类活动的特点

| 特　　点 | 提高体验感的方法 |
|---|---|
| 注重参与感与获得感 | 老年人参与观赏类活动的方式主要是观看、欣赏。为了让老年人获得更好的活动体验和感受,在组织方式上要注重引导老年人与观赏的对象和内容产生连接,比如,询问老年人的收获感受,提供观赏对象的相关信息以及参与互动的机会等 |
| 观赏内容应与老年人需求匹配 | 观赏类活动的组织目的是让老年人获得一些积极、美好的体验。在观赏内容的选择上,组织者应选择积极、正面、符合主流价值观、与老年人兴趣爱好相符的内容,避免消极、低俗、价值观有争议、老年人不感兴趣的内容 |
| 存在一定的时效性 | 因为部分观赏对象与节气相关,观赏类活动的组织存在一定的时间限制,如青山绿水、日出日落等自然景观,春节灯展、冬季冰展等民俗活动,都只能在特定的时间组织观赏 |
| 组织单位的联动性 | 顺利、安全、圆满地组织观赏类活动,不仅需要工作人员与老年人之间形成良好互动,还需要获得相关单位的支持,如演出单位、活动组织单位、志愿者团队等 |

## 子任务二　掌握老年人观赏类活动策划思路与组织要点

### 一、老年人观赏类活动策划基本流程

**1. 明确观赏类活动的目的**　活动策划应以人为本。策划一场老年人活动,应当以满足老年人的实际需求为目的。一场观赏类活动,可满足老年人以下一种或多种需求。

(1)感受生活中美好的事物,愉悦心情,陶冶情操。

(2)防止与社会脱节,增长见识,接收新的信息资讯,了解国家、社会发展变化。

(3)减少孤独感,增加社会互动,促进沟通交流,加强社区融合。

(4)体验特定的节日氛围,丰富日常生活,提升幸福感。

**2. 确定观赏类活动的内容**　确定观赏类活动的主要目的后,要继续思考应如何设计观赏类活动的主题和内容,才能保证活动目的的达成以及老年人的需求得到相应的满足。可以从以下几个方面来确定思路。

(1)针对老年人的需求,观赏的对象或者内容有哪些选择? 什么观赏的对象或者内容对老年人会更有吸引力,更适合老年人参与?

(2)确定的观赏内容是现场类,还是非现场类? 能否找到合适的场地来开展活动?

(3)现场观赏内容参考:歌舞、戏曲、相声、小品、朗诵等现场表演;花鸟虫鱼、青山绿水等自

然景观；书法、绘画、摄影、设计等作品；冰雕、灯饰等展览。

(4)非现场类观赏内容参考：影片放映、电视节目播放、重大庆典活动直播等。

**3.链接相关资源**

(1)链接外部观赏场地：活动可能涉及公园、景点、广场、剧院等外部场地，组织者要实地查看，并与场地负责人对接好收费、所需证件、适宜时间、适老化观赏线路、中场休息点、观赏讲解人、停车等事项。

(2)链接支持单位：除了将老年人组织到外部观赏场地，还可以考虑链接相关观赏类活动的组织单位，将观赏内容输送到老年人居住的社区或机构中，降低活动的组织难度，让更多老年人获得观赏体验。

(3)链接志愿者团队。因老年人身体机能衰退，适应、反应等能力有所下降，观赏类活动要尽量招募培训志愿者参与，以分担老年人陪同、观赏内容讲解、物资搬运等工作。

**4.撰写活动方案**　活动方案是活动的具体步骤、细则，也是活动的行动指南。方案内容包括观赏活动开展的背景、目的、组织单位、支持单位、时间地点、活动流程、前期筹备、现场人员分工、经费预算、安全保障、应急预案等。一份好的活动方案，可以让相关参与人员清楚每个流程、环节应该如何参与及配合。

活动方案撰写方法，可以借鉴已开展过的、成熟的活动方案，也可以采取头脑风暴法讨论分析。活动方案需要根据实际情况的变动做出修改调整，并逐步完善。

**5.做好充足的准备工作**　根据活动方案，按时间节点要求，认真做好观赏类活动的前期准备工作。

(1)活动通知宣传：可选择工作人员口头通知、张贴宣传单、电话邀请等方式。

(2)参与人员确定：根据场地规模、陪同人员、交通工具等确认老年人的参与人数和名单。

(3)活动场地布置：提前调试设施设备，并为老年人营造舒适、便利的观赏环境。

(4)活动流程确定：流程要完整，注意劳逸结合。

(5)人员培训分工：对工作人员和志愿者针对活动流程、工作职责、岗位要求、注意事项等进行系统培训，让工作人员、志愿者按照活动要求认真参与进来，这是准备工作的重中之重。

(6)活动物资筹备：横幅等宣传物料；血压计、应急药物等医疗用品；扩音器、音响、话筒等。

(7)出行方式和线路：若观赏地点涉及外出，还要安排合适的出行方式、线路等。

(8)出行安全保障：外出观赏要秉承安全第一的原则，要配备好医疗人员以及足够的陪同人员，并为老年人和志愿者购买相关的保险。

## 二、老年人观赏类活动执行与管理

**1.老年人的组织与陪同**

(1)提前将活动通知到位，提醒携带好个人的药品、眼镜、衣物等。

(2)确保老年人能按时到达集合场地，活动能按规定的时间开始。对于行动不便的老年人，需安排工作人员或志愿者接送。

(3)为参与活动的老年人安排适当的观赏位置。为防止混乱拥堵，可提前制订座次表。轮椅停放位置应足够宽敞，方便进出。

(4)安排工作人员或志愿者全程陪同，并做好基础服务，随时关注老年人的身体、情绪等各方面情况，协助老年人如厕、喝水、用药、增减衣物等。确保老年人需要时能及时获得帮助。

**2.老年人现场的参与与互动**

(1)活动前期，为老年人分发观赏类活动的相关宣传资料，让老年人对本次活动有一个基础的印象。

(2)邀请工作人员或志愿者,对观赏对象有关的文化、内涵、寓意等进行介绍和说明,让老年人在观赏过程中收获相关的知识。

(3)安排工作人员适当照顾有行动不便、听力衰退等情况的老年人,为他们进行个体化的补充说明,尽量让每位参与的老年人有较好的体验感。

(4)鼓励老年人结合自己的经历,分享自己参加本次活动的感受与收获。

**3.活动流程把控**

(1)活动正式开始前,向老年人做好活动安排的说明,让老年人对活动流程有基础的了解。

(2)活动过程中,组织者要确保活动环节、流程按时间进度有序进行。既要避免衔接不上出现冷场,也要避免时间拖沓过长。

(3)建立有效的沟通-反馈机制,确保老年人跟上活动节奏,获得老年人对各流程的支持与配合。

(4)预留部分时间拍照,为老年人保留美好回忆。

**4.组织人员的沟通协调**

(1)根据观赏类活动的需要,现场各项工作职责分工到工作人员或志愿者。

- 主持人、主负责人
- 协调组织
- 交通对接(如有外出)
- 观赏内容讲解
- 老年人陪同
- 拍照摄像
- 设备调试
- 健康监测
- 生活护理
- 物资搬运

(2)加强工作人员、志愿者之间的沟通交流。活动开始前,让各岗位工作人员充分了解自己的职责所在。活动过程中,要确保各岗位工作人员认真履行职责,保障活动顺利开展。如果人员安排紧张,可能出现一人多岗的情况,这就对工作人员间的调配与合作有更高的要求。

**5.场地的布置整理**

(1)不同类型的观赏类活动对场地布置有不同的要求。自然景观、艺术作品、民俗活动、历史文化景点等现场观赏类活动一般都在特定的外部环境中,场地布置主要是补充必要的适老化设备与设施,如增加坐便器、轮椅等。节目表演等现场类观赏类活动,则需要提供较大的表演空间,调试设备,如音响、话筒,布置背景墙、横幅等。

(2)影片放映、节目观看、大型庆典活动直播观看等非现场观赏类活动的场地布置包括老年人座椅摆放以及电视、多媒体等设备提前调试,确保设备无故障、信号稳定。

**6.突发事件的应对处理**

(1)老年人身体不适。不同观赏类活动对老年人的健康状态有不同要求。如有不适,陪同人员应及时关注,妥当处置。如有必要,尽早送医。

(2)设备故障。提前调试设备,如有故障问题,应尽快维修或使用备用设备。

(3)老年人对观赏内容不感兴趣,应去了解具体原因,如果是组织方客观的原因,及时做出调整。如果是老年人主观上不喜欢,不需要强迫,顺应老年人的个人意愿。

(4)发生冲突。安抚冲突双方的情绪,了解冲突发生的原因,可邀请双方认同的第三方适当介入。如与组织方相关,组织者应主动担责,化解冲突。

### 三、老年人观赏类活动的评价

活动效果如何,需对策划、组织的各个环节进行动态评价,看活动是否完成设定的目的,是否满足老年人的需求,不断地反思总结,积累活动经验。

**1.评价内容** 评价内容见表5-4。

表5-4 评价内容

| 观赏类活动阶段 | 评 价 内 容 |
|---|---|
| 观赏前 | (1)观赏内容是否满足老年人需求,是否有吸引力;<br>(2)老年人身体、精神状态是否能参与观赏类活动;<br>(3)老年人个人物品是否完备,如药品、眼镜、衣物等;<br>(4)老年人对观赏类活动安排及注意事项是否有基础的了解;<br>(5)组织者能否胜任此项工作;<br>(6)其他参与人员是否具备相关经验或经过培训;<br>(7)参与人员对观赏类活动的安排及工作职责是否清晰;<br>(8)观赏场地、线路、出行方式等能否给老年人带来较好的体验;<br>(9)必要的物资是否配备齐全 |
| 观赏中 | (1)活动流程是否按计划进行;<br>(2)陪同人员是否照顾好每位老年人;<br>(3)老年人是否投入观赏活动中;<br>(4)老年人情绪状态如何;<br>(5)老年人如厕、饮水、用药、增减衣物等是否做了细致安排;<br>(6)老年人在观赏活动现场是否影响到其他人;<br>(7)老年人是否发生意外情况?若发生是否予以及时妥当处置 |
| 观赏后 | (1)老年人谈感想是否积极踊跃;<br>(2)老年人对观赏类活动是否满意?有什么意见或建议;<br>(3)老年人如何评价参与人员的表现;<br>(4)观赏类活动是否满足了老年人的需求;<br>(5)支持单位、志愿者对活动的印象如何?有什么意见或建议 |

**2.评价时机** 对于观赏类活动的评价,可以穿插在活动的各个阶段,并一直延续到活动结束。在此时间段内,老年人对一系列活动印象深刻,意犹未尽,评价时机可以选择在观赏过程中、回程途中、老年人进餐时,有意识地提出该话题,让老年人畅所欲言。在老年人评价此次观赏类活动时,组织者要虚心听取意见。

**3.评价方式** 组织者可以选择一种或多种方式来评价:观察活动现场老年人的反应、面对面询问参与人员的感受、对参与者开展问卷调查、组织参与人员开展总结等,可将收集到的各种意见汇总,评价观赏类活动的实际效果。

**→ 实践训练**

1. 根据老年人观赏类活动的定义,结合生活实际,写出 10 个你觉得适合老年人的观赏类活动,以及观赏类活动的主要内容。

2. 到养老院中了解老年人的实际喜好,收集本地适合老年人的文艺表演团队或适合组织老年人前往的观赏场所,各列出 5 个。

# 任务二 掌握现场观赏类活动

现场观赏类活动,老年人身临其境,参与到活动的现场中,能更好地观看、欣赏,适合绝大多数老年人群体。本任务以观看"敬老爱老 情暖夕阳"志愿者节目表演观赏活动为例进行阐述。

### 子任务一 现场观赏类活动设计、策划及实施
——"敬老爱老 情暖夕阳"志愿者节目表演观赏活动

#### 一、活动背景

每个人都将有老去的一天,昔日风华正茂的年轻人变成今天白发苍苍的老年人。老年人不仅需要基础的照护,还需要精神上的慰藉、情感上的关怀及与社会的融合。关爱老年人的方式有很多种,这次,×××学院志愿者们带着饱满的热情、丰富的节目、真诚的关心来到×××养老院,组织以"敬老爱老 情暖夕阳"为主题的志愿者节目表演观赏活动,希望能让老年人度过愉快充足的一天。

#### 二、活动目的

(1)通过观看志愿者带来的精彩节目,老年人们身心愉悦,感受到志愿者送来的关怀和温暖。

(2)让学校志愿者感受到志愿服务的快乐和满足,学会关心长辈、尊重长辈、孝敬长辈。

(3)发扬尊老敬老的社会风尚,进一步弘扬尊老、敬老、爱老、助老的传统美德。

#### 三、活动主题

敬老爱老 情暖夕阳。

#### 四、参与人员

养老院身体状况稳定的老年人(含高龄、失能、轻度认知症等)。

#### 五、组织单位

主办单位:×××养老院社工部、护理部。

支持单位:×××学院志愿者们。

#### 六、活动时间

××年××月××日 14:30—16:30。

#### 七、活动地点

×××养老院一楼多功能厅。

## 八、活动流程

**1. 活动开展前**

(1)前期沟通:社工与志愿者负责人沟通,确定时间、人数、志愿内容、有无捐赠等情况,并告知负责人老年人的大致情况,如平均年龄、自理情况、疾病情况等。

(2)活动宣传:社工提前邀请养老院中适合参加此类活动的老年人。

(3)场地布置:志愿者协助布置活动场地,播放音乐营造轻松欢快的气氛。

(4)老年人组织:志愿者协助社工组织老年人有序入场,安排老年人就座、签到等。

**2. 活动进行中**

(1)社工向老年人介绍志愿者身份。

(2)活动开始,两位主持人(志愿者)邀请志愿者做简短介绍。

(3)志愿者节目表演,与老年人互动。

(4)老年人表演节目。

(5)志愿者齐声为今天过生日的老年人唱生日快乐歌,并送上祝福。

(6)志愿者即兴表演。

(7)拍摄大合影。

(8)活动结束,志愿者协助社工将老年人送回房间,与老年人告别。

**3. 活动结束后**

(1)场地整理:志愿者协助社工恢复活动场地原貌。

(2)活动总结:社工与志愿者沟通,总结本次活动开展情况。

(3)活动评价:社工与部分老年人沟通,了解活动评价及建议。

(4)活动宣传:撰写新闻稿,推送相关微信群或公众号。

## 九、活动用品

歌词本若干、快板 1 对、插线板 1 个等。

## 十、人员安排(可一人多岗)

"敬老爱老 情暖夕阳"志愿者节目表演观赏活动人员安排见表 5-5。

表 5-5 "敬老爱老 情暖夕阳"志愿者节目表演观赏活动人员安排

| 序号 | 具体工作事项 | 负责人 | 完成期限 | 备注 |
|---|---|---|---|---|
| 1 | 与志愿者负责人沟通、确定活动细节 | ××× | ××月××日 | |
| 2 | 撰写活动策划方案 | ××× | ××月××日 | |
| 3 | 主持词准备 | ××× | ××月××日 | |
| 4 | 通知老年人活动相关信息 | ××× | ××月××日 | |
| 5 | 志愿者表演节目安排 | ××× | ××月××日 | |
| 6 | 老年人表演节目安排 | ××× | ××月××日 | |
| 7 | 活动场地布置 | ××× | ××月××日 | |
| 8 | 活动物资准备 | ××× | ××月××日 | |
| 9 | 音乐准备 | ××× | ××月××日 | |
| 10 | 组织老年人入场 | ××× | ××月××日 | |
| 11 | 现场秩序维护、保证老年人的安全 | ××× | ××月××日 | |

续表

| 序号 | 具体工作事项 | 负责人 | 完成期限 | 备注 |
|------|-------------|--------|---------|------|
| 12 | 收集活动素材,如照片、视频 | ××× | ××月××日 | |
| 13 | 撰写新闻稿,推送相关微信群或公众号 | ××× | ××月××日 | |
| 14 | 收集活动反馈意见 | ××× | ××月××日 | |
| 15 | 整理活动场地 | ××× | ××月××日 | |

## 十一、经费预算

无实际经费开支。

## 十二、备注

(1)社工需要提前与志愿者负责人联系,确定活动的具体事宜,明确活动分工。

(2)社工保存志愿者第一负责人及第二负责人的联系方式,如出现任何意外情况,能及时与志愿者方联系。

(3)服务注意事项需提前与全体志愿者沟通,强调服务纪律。

## 子任务二　现场观赏类活动的活动实况及经验分享

本次活动包括场地布置、音乐暖场、老年人组织、就座签到、志愿者表演、老年人表演、志愿者与老年人互动、全场大合唱、为老年人庆生、组织退场、活动场地整理、收集活动反馈意见、活动宣传等环节。

老年人分为三排入座,志愿者围绕在老年人身边。每个小组志愿者表演完精彩的节目后,老年人们都会鼓掌叫好,点头称赞。当然,多才多艺的老年人也带来《南泥湾》《四季歌》《社会主义好》等经典歌曲表演,志愿者们被这群平均年龄85岁的老年人所折服。现场气氛十分融洽,此次表演取得了良好的活动效果。

活动当天过生日的一位老年人为了与志愿者们联欢,放弃了回家吃生日大餐的机会。活动后,这位老年人表示与志愿者们联欢比回家吃大餐更可贵,看到可爱的志愿者她打心底的高兴。该活动的经验分享见表5-6。

表5-6　"敬老爱老　情暖夕阳"志愿者节目表演观赏活动经验分享

| 项　目 | 内　容 |
|--------|--------|
| 优点 | (1)老年人、志愿者、工作人员全身心投入,整体活动环节顺畅。<br>(2)志愿者表演形式丰富多彩、态度热情积极,老年人反馈满意度较高 |
| 缺点 | (1)活动物资准备不充分,缺少横幅、U盘等。<br>(2)参加活动的志愿者、老年人数较多,现场较嘈杂,歌曲表演受到一点小影响 |

实践训练

联系学校所在地的养老机构,作为志愿者参与一次养老机构的观赏类活动,切身体会策划组织的各个环节。结合实践情况,讨论分析观赏类活动策划与组织过程中的难点,以及相应的对策。

# 任务三　掌握非现场观赏类活动

非现场观赏类活动,指组织老年人借助电视、多媒体等媒介来观看影片、电视节目、直播等,可以丰富老年人的生活,也可以让老年人了解相关资讯及当今社会的发展变化。本任务以观看庆祝中华人民共和国成立75周年阅兵式为例进行阐述。

## 子任务一　非现场观赏类活动设计、策划及实施
### ——庆祝中华人民共和国成立75周年阅兵式收看活动

### 一、活动背景

庆祝中华人民共和国成立75周年阅兵式是为庆祝中华人民共和国成立75周年而开展的众多庆祝活动中的一项重要活动。

### 二、活动目的

(1)组织老年人观看阅兵式,感受举国上下共同庆祝新中国成立75周年的浓厚氛围,一起过一个意义非凡的国庆节。

(2)老年人观看阅兵式直播,感受祖国的发展变化,为祖国自豪骄傲。

### 三、活动主题

祖国75岁啦。

### 四、参与人员

×××养老院老年人及陪护人员。

### 五、组织单位

×××养老院社工部、护理部。

### 六、活动时间

2024年10月1日9:30—11:00。

### 七、活动地点

×××养老院多功能厅。

### 八、活动流程

**1.活动开展前**

(1)场地布置:按照参与老年人的情况布置活动现场,预留较大空间摆放轮椅。

(2)设备调试:提前调好电视机、信号,保障直播流畅、无故障。

(3)老年人组织:护理部同事协助宣传通知,并组织老年人前往多功能厅。

**2.活动进行中**

(1)活动内容介绍:简单介绍活动的意义、内容安排、注意事项等。

(2)分发小国旗:给每位老年人分发小国旗,为老年人拍一张与小国旗的个人照。

(3)观赏前,欢唱《我和我的祖国》等,抒发内心激动的心情。

(4)观看相关报道,了解阅兵式知识点。

(5)观看阅兵式直播:员工陪伴老年人一同观看阅兵式,协助老年人如厕、饮水、用药等。

（6）录制祝福视频：组织老年人与员工一起录制小视频，经老年人同意后，可转发到朋友圈。

**3. 活动结束后**

（1）组织老年人回房休息：为防止活动时间过长引起老年人不适，活动时间设置为约 1.5 小时，按点组织老年人回房间休息，未看完部分可下一次组织观看。

（2）整理活动场地：将活动场地还原。

（3）评价活动效果：询问老年人参与活动的感受与相关建议。

（4）活动宣传：把活动照片和视频转发到家属群和朋友圈等。

## 九、活动用品

电视机、靠背椅、小国旗、签到表、音响、话筒、拍照摄像工具等。

## 十、人员安排（可 1 人多岗）

庆祝中华人民共和国成立 75 周年阅兵式收看活动人员安排见表 5-7。

表 5-7　庆祝中华人民共和国成立 75 周年阅兵式收看活动人员安排

| 序号 | 具体工作事项 | 负责人 | 完成期限 | 备注 |
|---|---|---|---|---|
| 1 | 撰写活动策划方案 | ××× | ××月××日 | |
| 2 | 通知老年人活动相关信息 | ××× | ××月××日 | |
| 3 | 活动场地布置 | ××× | ××月××日 | |
| 4 | 设备调试 | ××× | ××月××日 | |
| 5 | 活动物资准备 | ××× | ××月××日 | |
| 6 | 组织老年人入场 | ××× | ××月××日 | |
| 7 | 现场秩序维护、保证老年人的安全 | ××× | ××月××日 | |
| 8 | 收集活动素材，如照片、视频 | ××× | ××月××日 | |
| 9 | 撰写新闻稿、推送公众号 | ××× | ××月××日 | |
| 10 | 收集活动反馈意见 | ××× | ××月××日 | |
| 11 | 整理活动场地 | ××× | ××月××日 | |

## 十一、经费预算

小国旗 30 面×2 元/面＝60 元。

## 十二、备注

（1）老年人观赏时要优先考虑老年人身体情况，防止观看时间过长引起身体不适。

（2）除了观赏内容之外，可适当增加互动环节，让老年人获得更好的体验。

（3）注重老年人隐私，需要转发分享拍摄老年人的视频时，要征求老年人的意愿。

### 子任务二　非现场观赏类活动的活动实况及经验分享

本次活动包括场地布置、设备调试、老年人组织、就座签到、分发小国旗、欢唱歌曲、观看阅兵式、录制祝福视频、组织退场、收集活动反馈意见、活动宣传等环节。

观看阅兵式前，老年人手举小国旗，一起欢唱《我和我的祖国》《没有共产党就没有新中国》等经典歌曲，表达自己激动喜悦的心情。在随后的阅兵式直播观看过程中，老年人聚精会神地观看，对展示出来的大国强军风范连连称赞，一位有抗美援越经历的老兵在观赏中多次流下激动的泪水。

观赏活动结束后,工作人员还组织了部分老年人和工作人员一起拍摄小视频,祝福祖国繁荣昌盛。老年人们纷纷表示,阅兵式让我们看到自己的祖国越来越强大,身为中国人让他们感到无比的骄傲。庆祝中华人民共和国成立75周年阅兵式观赏活动经验分享见表5-8。

**表 5-8 庆祝中华人民共和国成立 75 周年阅兵式观赏活动经验分享**

| 项　　　目 | 内　　　容 |
| --- | --- |
| 优点 | 除了观看阅兵式的内容,还增加了录制视频、欢唱经典歌曲等互动内容,使老年人有更丰富的体验 |
| 缺点 | (1)在多功能厅观看阅兵式的直播过程中网络信号有一点卡,影响到观赏内容的流畅性。<br>(2)老年人来多功能厅观看阅兵式的积极性比预期高,组织老年人入场时有一点混乱 |

→ 实践训练

某养老院计划在春季组织本院 10 位身体健康、状况稳定,且坐轮椅的老年人到附近路程 5 分钟的公园里,开展赏花活动。请按照策划方案的基本要素,撰写一份现场观赏类的活动策划书。

# 策划组织老年人展示类活动

## 任务一　老年人展示类活动策划组织概述

### 子任务一　掌握老年人展示类活动基本概念

#### 一、老年人展示类活动的概念

老年人展示类活动是指通过老年人的作品(物品)展示或个人示范表演,同时结合多种传播媒介的展示形式,集中向外宣传自身相关作品(物品)或自身形象的一种老年人活动。

**小 贴 士**

(1)书画作品如果是现场创作的,属于表演类展示活动。

(2)物品类展示活动的作品必须是手工制作的成品。

(3)展示类活动中必须以安全为首要考虑因素。

#### 二、老年人展示类活动的分类

老年人展示类活动的分类见表 6-1。

表 6-1　老年人展示类活动的分类

| 划分标准 | 类　别 | 释　义 | 常　见　类　别 |
|---|---|---|---|
| 呈现方式 | 物品展示类活动 | 通过宣传栏及展会等形式对相关作品(物品)进行详细的展示,包括作品(物品)的名称、作品(物品)的来源以及作品(物品)背后的故事等,引导受众对作品(物品)产生兴趣并驻足观看 | 书画作品 |
| | | | 手工艺品 |
| | | | 摄影作品 |
| | | | 歌唱表演 |
| | 表演展示类活动 | 在一定的主题内,老年人通过自身一定高度的技巧和能力,在相应的平台上进行表演展示 | 书画表演 |
| | | | 朗诵表演 |
| | | | 舞蹈表演 |
| | | | 服饰表演 |
| | | | 器乐表演 |
| | | | 乐曲及小品表演 |
| | | | 绝技绝活表演 |

### 三、老年人展示类活动的特点

老年人展示类活动的特点见表 6-2。

**表 6-2 老年人展示类活动的特点**

| 特 点 | 释 义 |
|---|---|
| 活动内容的擅长性 | 在展示类活动的过程中,参与展示的老年人一般都比较擅长所展示的主题内容,他们不仅出于兴趣爱好参与,更是在相关方面具备较高水平的实践能力和表现力 |
| 活动目的的明确性 | 参与展示类活动的老年人知道自己想要表达什么,想要展示什么。他们都把自己最好的东西、内容及想法展示给其他人,从而得到他人的肯定、认可及赞美 |
| 活动参与的积极性 | 参与展示类活动的老年人是带着喜爱、怀着兴趣主动去参加的,他们始终保持着积极的心态,并能大胆地表现自己的情感和体验,用自己喜欢的方式进行展示 |
| 活动人员的联动性 | 一般的老年人展示类活动涉及的对象有三类:一是主办方和承办方;二是被展示作品(物品)及表演者;三是参观者,如一般群众、社区居民及离退休职工等。这三类对象在活动参与过程中必须密切互动、有效沟通,从而形成一个整体,彼此互相影响,相互作用,形成了一个联动的过程 |

## 子任务二 掌握老年人展示类活动策划思路与组织要点

### 一、老年人展示类活动策划基本流程

**1. 介绍活动背景** 活动的背景就是告诉大家"为什么要做活动",它是活动策划最基础的决策出发点。具体来说,活动策划者可以从以下几个角度找到自己"为什么要做活动"。①基于产品写活动背景;②基于热点写活动背景;③基于竞品写活动背景;④基于参与者写活动背景;⑤基于领导需求写活动背景。一般在开展老年人的活动时,主要是基于参与者去写活动背景。

**2. 确定活动主题** 活动的主题是整场活动的概括,清晰的活动主题是可以吸引老年人来参与的。要像写文章标题一样去思考活动的主题,优先从目标人群角度出发来思考活动主题,以吸引更多的人参加活动。

**3. 选定活动地点及计划活动时间** 活动场地的选择是活动能否成功的不可忽视的因素。场地的选择在展示类活动过程中最容易出现,要根据活动规模和活动主题来选择。展示场地的选择对做好一场现场展示类活动至关重要。适宜的场地选择是保证足够人流的基本要求。如果需要租用场地还应提前联系租用场地的管理部门,洽谈租赁事宜。

根据老年人自身的特点,活动尽量安排在白天,活动时间不超过 2 小时,并且在计划活动时间时要充分考虑天气因素。

**4. 编制经费预算** 展示类活动的预算一般要考虑以下几个因素。

(1)活动场地费用:一般来说,活动场地常用花费包括场地租赁费用、舞台搭建费用,以及活动现场桌椅费用等。对于此类预算的控制,应根据活动规模大小及大致预算范围,尽早联系多家活动场地,货比三家,择优选择。

(2)酒水餐饮费用:相较于其他活动费用,酒水餐饮费用花费较小,可根据就近原则,在活动现场附近寻找超市购买,或者协商由活动场地提供。

(3)活动物料费用:活动物料一般是指活动所需物资,包括现场指示牌、舞台装饰,以及地毯等活动现场所需的物料费用。

（4）活动人员（演艺、主持、摄影等活动相关人员）费用：活动是否需要演艺人员、礼仪小姐、主持人等，是否需要录制、摄影等。

**5.活动人员分工**　人员的分工一定要明确，这一部分也是一个方案，叫作执行方案。主要可以分为两个维度，一是时间节点，二是岗位。比如，围绕这场活动，各岗位在活动开展前、活动进行中、活动结束后的具体工作都需要细化，并且要细分清楚，以使活动有条不紊地进行。

**6.制订现场处置方案**　俗话说，计划赶不上变化，特别是内外环境的变化，不可避免地会给策划内容的执行带来一些不确定性因素，因此，必须加入应急措施来应对活动环境变化所带来的影响。

现场处置方案是针对具体的装置、场所或设施、岗位所制订的应急处置措施。现场处置方案应具体、简单、针对性强。现场处置方案应根据风险评估及危险性控制措施逐一编制，做到事故相关人员应知应会，熟练掌握，并通过应急演练，做到迅速反应、正确处置。

## 二、老年人展示类活动的执行与管理

老年人展示类活动的执行与管理根据所负责内容的不同，分为策划、筹备、执行、后勤四个组（表6-3）。

表6-3　老年人展示类活动的执行与管理

| 组别 | 内容描述 | 具体任务 |
|---|---|---|
| 策划组 | 对将要开展的活动进行策划，综合各个方面形成书面材料 | （1）收集各方对活动的意见和建议。<br>（2）综合各方需求编写活动执行方案。<br>（3）进行活动预算编制 |
| 筹备组 | 根据活动策划方案进行前期工作准备，确保活动有序进行 | （1）召开会议，进行资源整合与调配，完善分工。<br>（2）细化各项工作，包括经费申请、人员安排、物料准备、场地准备、配套设施准备、活动宣传等。<br>（3）进行活动报名工作 |
| 执行组 | 根据活动策划方案衔接各个部分，执行活动各项目 | （1）负责签到工作。<br>（2）执行各项流程工作。<br>（3）现场拍照、整理照片，撰写新闻稿件 |
| 后勤组 | 配合筹备组、执行组的工作，做好后勤保障工作 | （1）配合筹备组准备物料。<br>（2）进行场地的卫生工作、布置工作、扫尾工作。<br>（3）安排人员维持秩序，确保安全。<br>（4）准备茶水等 |

## 三、老年人展示类活动的评价

老年人展示类活动结束后，为了更好地改进和进行下次活动，必须对活动进行分析与总结，这既是对本次活动成功的褒奖，又是更加成功开展下次活动的借鉴。有关评价的内容需涉及活动的方方面面（表6-4）。

表6-4　老年人展示类活动的评价

| 评价项目 | 具体评价内容 |
|---|---|
| 准备工作评价 | 评价整个活动前期的准备工作是否依据策划方案于活动开展前准时安排到位 |

续表

| 评价项目 | 具体评价内容 |
|---|---|
| 执行过程评价 | 评价活动中执行过程是否出现问题,是否及时圆满解决,参与活动的工作人员的服务情况等 |
| 费用评价 | 对照费用预算,根据实际费用支出情况,评价费用是否合理 |
| 效果评价 | (1)参与人数:包括通知人数、参加人数、实到人数。<br>(2)影响力:对参与者、机构、社区及社会等带来怎样的影响;影响力是否达到了活动预期。在现场展示类活动中,评价一个活动是否具有影响力的方法有很多,比如行人驻足参观的时间、参与活动互动的主动性,参观者参加现场活动的积极性、对活动的了解程度等。<br>(3)促进参与:活动的开展,是否吸引了其他老年人的参与 |

## 实践训练

1. 请大家收集一篇关于老年展示类活动的方案,并根据收集的方案,谈谈自己的想法。
2. 你认为在活动通知上应该重点通知哪些内容?

# 任务二 掌握物品展示类活动

老年人物品展示类活动展示物品的种类可分为书法作品、书画作品、各类手工艺品、摄影作品以及老年人收藏的邮票、粮票、书籍等。本任务以照片为展示物进行阐述。

## 子任务一 物品展示类活动设计、策划及实施
### ——"流金岁月"怀旧角照片展

### 一、活动背景

入住养老机构的老年人面临着从家庭生活向集体生活转变的过程,在这一过程中由于生活方式和习惯的不同,容易与院友产生矛盾,与此同时老年人的受教育程度也不相同,彼此在观念和行为上可能会产生冲突,经常会出现小团体的现象,集体意识也比较淡漠。此现象的产生将降低老年人在养老机构内的生活质量,同时也不利于养老机构的和谐发展。

虽然老年人的生活经历和性格不尽相同,兴趣和喜好更是大相径庭,但他们所经历的时代却是大致相同的。为这些老年人提供相关网络平台,通过与经历过共同时代背景的院友一起缅怀过去成功和失败的经历,促进院友之间支持系统的发展,提高老年人在院内的生活质量。

### 二、活动目的

让老年人回顾生活历程,并与他人分享经历,在怀旧的氛围中发现过往经历中的正面价值,最终达到促进老年人认识自我,了解他人,融洽院友之间的关系,建立良好的人际交往网络的目的。

### 三、活动主题

流金岁月。

### 四、参与人员

×××敬老院全体入住老年人及其家属。

## 五、组织单位

×××敬老院社工部。

## 六、活动时间

××年 8—10 月。

## 七、活动地点

×××敬老院一楼大厅。

## 八、活动流程

### 1.活动开展前

(1)收集怀旧角照片资料。

(2)将收集到的照片进行登记并了解照片背后的故事,进行相关文字整理。

(3)宣传怀旧角活动,通知怀旧角开放时间。

### 2.活动进行中

(1)邀请照片所有者现场讲述照片背后的故事。

(2)有序组织现场观展活动。

(3)及时记录展示过程中老年人的疑问或建议,定期开展分享会。

### 3.活动结束后

(1)拆下照片归还给照片所有者并表示感谢。

(2)持续观察照片展给老年人带来的影响,观察其情绪变化情况。

## 九、活动用品

展板、彩纸、胶带、照片、彩笔等。

## 十、人员安排

资料收集:××;

宣传布展:××;

文字编辑:××;

现场维护:××;

展后跟踪:××。

## 十一、经费预算

"流金岁月"怀旧角照片展经费预算见表 6-5。

表 6-5 "流金岁月"怀旧角照片展经费预算

| 项 目 | 数 量 | 金额/元 |
|---|---|---|
| 宣传彩纸 | 100 张 | 150 |
| 彩笔 | 5 套 | 50 |
| 普通彩纸 | 1 包 | 25 |
| 胶带 | 5 卷 | 20 |
| 展板 | 1 块 | 100 |
| 小礼品 | 50 份 | 300 |
| 合计/元 | 645 | |

## 十二、备注

"流金岁月"怀旧角照片展照片信息卡见表6-6。

**表6-6 "流金岁月"怀旧角照片展照片信息卡**

| | 照片信息 |
|---|---|
| 照片所有者 | |
| 拍摄时间 | |
| 作品说明 | |

### 子任务二 物品展示类活动的活动实况及经验分享

本次活动是在敬老院内进行的,活动前期在入住老年人及其家属中进行了走访,并询问老年人是否愿意将自己年轻时的照片进行展示,如果愿意可以将自己觉得有意义的照片和故事告诉工作人员并粘贴在展示墙上。此次活动给了老年人及其家属共同回忆的机会,获得了老年人及其家属的一致好评。"流金岁月"怀旧角照片展活动经验分享见表6-7。

**表6-7 "流金岁月"怀旧角照片展活动经验分享**

| 项 目 | 内 容 |
|---|---|
| 优点 | (1)活动开始前进行走访,了解老年人及其家属对于活动的态度,以便于活动的开展。<br>(2)展示照片前先征得同意,以表达对照片所有者的尊重。<br>(3)对每一张照片进行简要的说明,更能让观展人了解照片的年代,回想自己当时的故事。<br>(4)增加了老年人与其家属沟通交流的机会,给他们创造了一个共同回忆的契机 |
| 缺点及对未来的建议 | (1)直接将照片放于公共区域进行展示,可能会造成照片损伤;之后再开展类似的活动可以在征得照片所有者同意的前提下,拓印后展示。<br>(2)有些照片背后的故事可能难以通过简单的文字进行描述,或者易因文字表述不准确导致观展人产生误解而引发不当议论,建议详细描述照片背后的故事 |

**→ 实践训练**

和当地养老机构联系,试着做一次老年人物品展示类活动的策划。

# 任务三 掌握表演展示类活动

老年人表演展示类活动是指在一定的主题内,老年人凭借自身的能力,在相应的平台上进行充分的展示。老年人表演展示类活动根据内容表现的形式,主要可以分为书画表演、朗诵表演、舞蹈表演、服饰表演、器乐表演、乐曲表演及小品和绝技绝活表演。本任务以老年人现场书法活动为例进行阐述。

## 子任务一　表演展示类活动设计、策划及实施
### ——"以墨会友"老年人现场书法活动

### 一、活动背景

书法艺术具有悠久的历史,但是随着信息时代的快速发展,快节奏的生活往往使我们整日禁锢在紧张忙碌中,书法艺术带给我们的恬淡和宁静似乎被越来越多的人遗忘。本次活动希望通过现场书法活动给老年人提供一个展示自己风采的平台和以墨会友的机会。

### 二、活动目的

(1)给老年人提供展示的平台和结交新朋友的机会。

(2)给予老年人交流空间,通过共同的兴趣爱好促进交流。

### 三、活动主题

以墨会友。

### 四、参与人员

愿意现场展示个人书法才艺的老年社区居民等。

### 五、组织单位

××社区。

### 六、活动时间

××年××月××日。

### 七、活动地点

××社区活动中心。

### 八、活动流程

**1. 活动开展前**

(1)联系相关单位确定活动场地。

(2)上午要开始布置活动场地,摆好桌椅,准备好书法用物并把之前收集准备的书法作品展示出来。

(3)活动开始前半小时将参加活动的老年人接到活动场地。

(4)播放适合活动气氛的音乐,营造现场气氛。

**2. 活动进行中**

(1)接待到场参加活动的老年人。

(2)征询老年人意见后准备书法用品。

(3)老年人热身后,进行现场书法创作。

(4)在老年人书法创作过程中协助稿纸的推送等。

(5)适时询问老年人是否需要休息等。

(6)邀请老年人与作品进行合影并表示感谢。

**3. 活动结束后**

(1)送行动不便的老年人回家并询问老年人的活动感想。

(2)归还之前收集的用于展示的书法作品及桌椅等。

## 九、活动用品

毛笔、墨水、宣纸、砚台(小瓷碗)、毡子、镇纸、绳子、夹子、桌子、椅子、音响、笔记本电脑、水笔、信纸、礼品等。

## 十、人员安排

联系人员:××;

现场布置人员:××;

拍照(摄像)人员:××;

道具管理人员:××;

后勤人员:××。

## 十一、经费预算

"以墨会友"老年人现场书法活动经费预算见表6-8。

表 6-8 "以墨会友"老年人现场书法活动经费预算

| 项　　目 | 数　　量 | 金额/元 |
| --- | --- | --- |
| 毛笔 | 20支 | 300 |
| 宣纸 | 2张 | 40 |
| 墨水 | 2瓶 | 10 |
| 小瓷碗 | 20个 | 60 |
| 纪念品 | 30个 | 450 |
| 绳子 | 1捆 | 10 |
| 夹子 | 30个 | 30 |
| 合计/元 | 900 | |

## 十二、备注

(1)在与老年人沟通的过程中要注意沟通技巧。

(2)做好现场的安全风险把控。

(3)注意老年人书写时间不能过长,提醒老年人完成一幅作品后适当休息。

## 子任务二　表演展示类活动的活动实况及经验分享

本次活动不仅仅局限在院内,也邀请了部分社区居民参加,促进了社区居民对院内生活的了解,也扩大了以墨会友的范围。"以墨会友"老年人现场书法活动经验分享见表6-9。

表 6-9 "以墨会友"老年人现场书法活动经验分享

| 项　　目 | 内　　容 |
| --- | --- |
| 优点 | (1)为每位参与的老年人以及完成的作品合影,并将合影赠送给老年人留作纪念。<br>(2)邀请社区热爱书法的老年人参与,加强了社区老年人对机构的了解。<br>(3)邀请了书法老师现场指导,有利于参与者的积极创作和尽情发挥 |

续表

| 项　目 | 内　容 |
|---|---|
| 缺点及对未来的建议 | （1）未在社区进行单独宣传，导致社区有些热爱书法的老年人不知道此次活动，下次可以提前联系社区，将活动通知张贴在社区活动公告栏上。<br>（2）活动在餐厅内进行，由于场地原因不能同时接待热情高涨的观展人员，打击了部分老年人的活动积极性，以后类似活动可以考虑在室外进行 |

→ 实践训练

1. 对你身边的老年人进行调查，看看哪些类型的表演展示类活动最受他们欢迎？
2. 和当地社区联系，尝试开展一次广场舞展示活动。

# 策划组织老年人茶话会类活动

## 任务一　老年人茶话会类活动策划与组织概述

**任务目标**

**知识目标**
全面学习了解老年人茶话会的定义、分类、特点等内容。

**技能目标**
1.掌握老年人茶话会的基本流程。
2.学会老年人茶话会的执行与管理。
3.学会老年人茶话会的评价。

**任务分解**

在老年人茶话会类活动策划与组织中,本任务主要围绕老年人茶话会活动的性质、特点、分类、策划思路及组织要点进行阐述。

### 子任务一　掌握老年人茶话会类活动基本概念

#### 一、老年人茶话会的概念

茶会话,顾名思义,是饮茶谈话之会,即以清茶或茶点(包括水果、点心等)招待客人的集会,有时也用于外交场合。进入 21 世纪以来,茶话会有了很大发展,现在的茶话会既简单又轻松,是一种效果良好的集会形式。老年人茶话会主要是以茶代酒,进行以彼此谈心、表达情谊、交流感情、交换意见、发表见解、畅谈友情为主要目的的活动,其中,让老年人自由平等发表意见的小型围坐式会议,也可成为主题沙龙。活动组织者通过茶话会形式听取参与者就主题发表的意见,得到与主题相关的观点,并不追求明确的结论。茶话会通常由 6～10 人组成,持续时间短的仅 30 分钟,长的可达两小时。茶话会不但可使老年人在心理上得到满足和慰藉,而且还能增进友谊,增长知识,是可持续开展的老年人活动之一。

#### 二、老年人茶话会的分类

老年人茶话会的分类见表 7-1 和表 7-2。

表 7-1　根据老年人茶话会的活动主题分类

| 类　　型 | 内　　容 |
|---|---|
| 节日类茶话会 | 以庆祝固定节日而举行的各种茶话会,如国庆茶话会、春节茶话会(迎春茶话会)等;也包括中国传统节日的茶话会,如中秋茶话会、重阳茶话会等 |
| 纪念类茶话会 | 为纪念某事件而举行的各种茶话会,如建党××周年纪念茶话会、中华人民共和国成立××周年纪念茶话会等 |
| 喜庆类茶话会 | 为庆祝某事件而举行的各种茶话会,如集体生日时的寿诞茶话会等 |
| 研讨类茶话会 | 为某项事物和事件展开研讨而举行的各种茶话会,如中医养生研讨茶话会等 |
| 品尝类茶话会 | 为品评某种食物而举行的各种茶话会,如新春品茗会、××名茶品尝会等 |
| 艺术类茶话会 | 为共赏某项相关艺术而举行的各种茶话会,如吟诗茶话会、书法茶话会、插花茶话会等 |
| 联谊类茶话会 | 为广交朋友、增进交流而举行的各种茶话会,如养老机构联谊活动茶话会等 |
| 交流类茶话会 | 为推动某种事物的文化发展或经验交流而举行的各种茶话会,如中日韩文化交流茶话会、国际文化交流茶话会等 |

表 7-2　根据老年人茶话会的目的性分类

| 项　　目 | 内　　容 |
|---|---|
| 征求调查类 | 根据主管部门的需要,召集老年人开会,了解老年人对某项产品、概念、政策或服务的看法。如对养老院的服务质量评价,对居家养老的看法,对家中保姆满意度调查,与子女同住的利弊等 |
| 回顾总结类 | 由老年人对过去的岁月进行回忆以及对社会历史发展的变化进行回顾,最终形成有意义的座谈交流。回顾总结类茶话会可就某段历史或某一事物的发展展开,如交通工具的发展、城市的变迁、通信方式的改变、学习方式和工具的变革、结婚习俗的变化、求学经历、工作经历等 |
| 学习交流类 | 组织有共同兴趣爱好或学习目标的老年人,就某一主题展开交流讨论,互通有无,最终实现共同进步。如对时事热点进行讨论学习,对书法、美术等艺术爱好进行交流,对现在正热播的电视剧、电影展开讨论,对自己拿手菜的制作、健康饮食搭配的分享等 |

## 三、老年人茶话会的特点

**1. 规模较小**　老年人茶话会人数不宜过多,十几人至几十人即可;时间也不能太长,在既定的会议时间里,要让每个与会者都有机会发言。

**2. 气氛轻松**　老年人茶话会大多采取围坐形式,自然营造了一种轻松、自然、平等的氛围,在这样的气氛中与会者更能轻松愉快地畅所欲言,有助于取得良好的活动效果。

**3. 互动活跃**　茶话会不同于一问一答式的面谈,它是在有经验的主持人的主持下,多人参与的讨论形式,受访者之间有互动,一个人的反应会刺激其他人,这种互动会促进老年人之间产生更多交流。

**4. 自我中心**　在茶话会这样的活动中,老年人以自我为中心的特点尤为明显,很多情况下,他们只顾自己说,不管是否跑题,也不管其他人是否感兴趣。针对这样的情况,需要活动组织者事先和与会者进行一定的沟通,以保证活动高质量完成。

## 子任务二　掌握老年人茶话会类活动策划思路与组织要点

### 一、老年人茶话会策划

**1.确定茶话会的主题**　要成功地举办老年人茶话会,就必须要有一个合理的中心思想和主题。茶话会的主题不仅需要吸引参与茶话会的老年人,还要能体现茶话会的核心议题。

**2.明确茶话会的目的**　老年人茶话会的目的是活动组织的期望,常见的目的包括咨询与会者对于某件事物的意见建议、纪念某事件、沟通交流、充实生活等。

**3.明确茶话会的议题**　老年人茶话会议题是围绕主题而设立的问题,是主题的具体化。

**4.确定参加茶话会的人员**　茶话会人员组织方式可有两种,自愿参加,或根据活动需要,由活动组织者选取特定老年人参加。

**5.确定茶话会活动选址**　老年人茶话会可选择在养老院内、酒店内或事件发生现场举行。主要需要考虑的因素:①茶话会现场的硬件设施是否齐备;②是否有电梯供老年人到达会场;③茶话会现场是否有为行动不便者提供快速通道;④是否有足够多的公共卫生间,是否干净且设施齐备;⑤现场工作人员是否具有安全意识;⑥茶话会现场是否有常驻医生,距离最近的急救中心有多远;⑦现场的照明和温湿度是否适宜。

**6.掌控茶话会不同活动阶段**

(1)开场。

①主持人问候与会者及自我介绍。

②主持人介绍本次活动的目的及规则。如有活动资料,解释资料用途。

③请各位与会者自我介绍。自我介绍可限定一些与主题相关的有趣的话题,如最喜爱的动物是什么,我们这个地方最有名的本地人是谁等,来达到活跃气氛的目的。

④准备一些小笑话、小故事或者小游戏,随时使用;准备一些本地新闻,然后向大家请教一点细节,拉近和与会者的距离。

⑤采取移动策略,在某位与会者发言完毕后,站到另一位与会者对面,直视并询问:"这位爷爷/奶奶您怎么看?"强化交叉互动。

⑥如能讲本地方言就说一两句,但不要说得太多。

⑦所有主持内容都要脱稿,切忌照本宣科。

⑧判断与会者中爱发言与不爱发言的老年人,启动阶段让爱发言的多说一些。

⑨提供一些有利于互动的零食,如多种巧克力、茶点等。

⑩了解与会者最爱参加的活动、最关注的话题、最想知道的信息,作为此阶段和与会者建立联系的工具。

(2)进行阶段。

①多使用板书或者投影,以提醒老年人讨论要点。

②普遍使用表扬与鼓励的口气,即使发言者是在重复他人的观点,也要用鼓励的口气表示肯定。

③避免发表反对或批评的意见。

④处理"专家效应":某些与会者对相关问题有较多的知识和经验,又很爱发言,从而形成抑制其他与会者的"专家效应"。对此,应采用"目光脱离"和"及时穿插"策略,减少其发言时间,但要注意避免造成其产生明显的抵触情绪。

⑤及时穿插活动。预先设计好一些活动,在语言交流刺激度逐渐降低时,可调节会议节奏,活跃气氛。

⑥及时使用幽默语言化解尴尬局面。事先预想茶话会中可能会出现的尴尬状况,做好预案。

⑦集体静默时,主持人要尝试使用情景提示方法,或专门针对某个与会者进行重点互动,在有人回应后,再征询其他人的看法。

⑧活动中,直接的语言交流以及发放资料,应适时穿插,不应集中在一起进行。

⑨注意复述与会者的重要意见,尤其是在讲方言、多人发言和发言人口齿不清的时候。

⑩提示与会者会议进程,"我们已经进行一半了""我们只剩几个问题了""好,我们还有最后两个问题"。

(3)结束。

①进行简明的总结,并询问大家是否还有补充的内容。

②提出一个具有启发性或者总结性的问题,让与会者在最后都能进行一次提问发言。

③给予十分肯定的正面评价,并告诉大家如果还有需要特别说明的问题,可以在会后与主持人或其他人员联络。

④可以用"大家共唱一首歌""用一句话或一个词来概括会议感受"或"送出祝福语"等方式作为活动的结束仪式。

⑤活动结束时,再次向与会者表示感谢。如果茶话会是由领导机关或领导人召集下属有关部门或人员举行的,可请领导人致辞或总结,为活动画上圆满句号。

## 二、老年人茶话会活动的执行与管理

### 1. 活动通知要落实

(1)信息发布方式。

①口头通知。这种方式最突出的优点是能够当面交流,可以获取更多直接信息,适合参加人员少的小型会议。

②电话通知。以电话为媒介传递信息,其特点是准确到位,且成本较低。

③书面通知。由于书面通知在制作中需要一定时间,应提前准备。书面通知发出后,还要跟踪落实被通知者的知晓情况。

(2)通知具体内容:茶话会通知除了要写明时间、地点外,还要明确告知会议的内容、参与人员和组织人员,以便与会者做好相关的思想准备和发言准备。

(3)后续工作:要及时掌握实际到会情况,以便及时调整参与人员,防止因参与人员太少而无法开会的局面发生。

### 2. 会场布置要合理

(1)会场布置灵活多样。茶话会的形式不同,会场的布置也要灵活多样,可采取圆形、方形、椭圆形、六角形等围坐式的座位格局,必要时也可设计成半围式。但不能摆成上下对应式或分散式,否则会议气氛就会变得严肃、拘谨,或散漫且无中心。

(2)活动装饰提升气氛。如悬挂横幅,以揭示会议主题,渲染会议气氛,便于摄影和电视报道;另还可装饰宣传画、广告、彩色气球等。

(3)放置食物安全合理。会场内可适当放置饮料和茶水,使与会者感到亲切、自然。老年人茶话会慎用瓜子、花生等零食,以免发生呛噎。

**3.活动组织者能力素质要全面** 组织者作为老年人茶话会的核心,作用特别重要。一个优秀的茶话会组织者可以点石成金,一个经验不够的组织者会把茶话会变成聊天会或者一言堂。老年人茶话会组织者要做到以下几点。

(1)充分了解与会者的背景特点。组织者在茶话会进行前应多掌握一些与会者群体的背景资料,与有经验的同事或当地联络人员进行一些沟通,并针对与会者的特征预先形成一些沟通策略和小技巧。如在用语、当地典故、方言、受众关心和周知的焦点问题上,创造和与会者群体间的相似感,促使茶话会进入良好的群体认同氛围。

首先要控制语速语音,语言要中速,不快不慢,既不让大家感到压抑又让大家听得清楚,考虑到老年人有听力下降的情况,声音一定要洪亮。

其次要能够控制与会者的谈话脉络,保证会议正常地按照既定主题发展,在有人跑题或拖沓的情况下,能够顺着发言者的意思很轻松地过渡到下一个主题,而不是突兀地打断,这也是对老年人的一种尊重,这个要靠平时知识的积累和修养。

最后是时间进度管理,要在规定的时间内完成既定访谈任务,会前的提纲准备须将会议的主题划分为几个相关的步骤,有一条完整的时间线;现场将每个发言人的发言时间控制在合理的范围内,既表达充分,又不啰唆。如果发现时间控制方面出现了问题,应该及时调整话题方向和过程,控制节奏,不能仓促结束。如果需要可以适当延长访谈时间。

(2)提问和倾听能力:组织者的提问能力很重要。如果没有好的提问技巧,不能就事论事,步步为营,深入挖掘,而是照本宣科,所获得的访谈成果一定是表面和肤浅的,所以,组织者应该掌握基本的提问技巧,懂得借助专业知识和恰当的提问挖掘出问题的本质和核心。

倾听能力于茶话会组织者来讲非常重要。要能认真地倾听发言者的表达,并理解其真实意思,包括表面意思和隐藏意思,在充分理解的基础上展开下一步的讨论;也要能识别老年人的非语言行为,更好地理解每个老年人的真实意见和态度;还要学会换位思考,真正理解老年人所想所说所感。

(3)互动亲和能力:在茶话会中,把一群老年人集中到一起畅所欲言具有一定的难度。首先需要建立彼此之间的信任感,特别是要建立组织者和与会者之间的信任感。这就要求组织者是个心怀热情的人,是个让大家一见就感到信赖和亲切的人。有亲和力的组织者能使与会者坐在一起时,产生合作意识和凝聚力。这样可以使大家结合在一起共同合作,从而更好地达成会议目标。

(4)维持自然轻松的形象:组织者应着休闲式便装,但不宜过于随意;要始终保持微笑,但不宜大笑,适时表现出幽默,以鼓励和化解尴尬的原则控制会场气氛。

(5)提升随机应变的能力:组织者要根据当时的情况,随时调整茶话会的进程、节奏、导向。因为茶话会是一种比较自由轻松的活动,所以难以全部预想到活动各环节的细节。可以预备一些小故事,根据会场情况灵活运用。

(6)丰富的知识储备:对于茶话会主题相关的知识,事先需要做足功课,以免老年人所说的内容组织者不了解,无法接话,出现跑题、拖沓甚至找不到线索控制进程等情况。

## 三、老年人茶话会的评价

一次茶话会的结束并不意味着组织管理工作的结束,评价总结也是活动管理的重要环节。通过对活动的评价明确成功和不足之处,总结经验教训,对提高活动组织策划者的管理水平有十分重要的意义。

**1. 评价内容**　不同会议阶段的评价内容见表 7-3。

表 7-3　不同会议阶段的评价内容

| 会议阶段 | 评 价 内 容 |
|---|---|
| 会前 | 茶话会目的是否明确 |
| | 茶话会议题的数量是否得当 |
| | 单个议题的时间分配是否准确合理 |
| | 茶话会时间、地点是否安排得当 |
| | 开会通知的内容是否周详 |
| | 茶话会设备是否完备 |
| | 老年人是否做了准备 |
| 会中 | 茶话会接待工作如何 |
| | 茶话会是否准时开始 |
| | 参会老年人是否准时到会 |
| | 会场外是否存在干扰 |
| | 主持人是否能把握会场 |
| | 茶话会是否由少数人"垄断" |
| | 老年人的讨论是否紧扣主题 |
| | 老年人之间是否有争论不休的现象 |
| | 视听设备是否正常 |
| | 会场气氛是否热烈 |
| | 茶话会议程是否按预定程序和时间完成 |
| 会后 | 茶话会记录是否整理好 |
| | 是否对老年人的满意度进行调查 |
| | 是否对茶话会的成功和不足之处进行总结 |

**2. 评价时机**　茶话会评价的最佳时机是在该活动刚刚结束的时候。

**3. 评价人员**　所有参会人员,包括与会者、陪同人员、主持人、策划组织人员和服务人员都是茶话会评价信息的直接来源,也是茶话会评价的主角。

▶ 实践训练

1.根据内容可以将茶话会分为学习交流、回顾总结、征求调查三类,请分别想出 5 个适合老年人的茶话会主题。

2.请现场实践一下,为班级同学组织一次简单的茶话会,从中感受如何才能当好一个活动的组织者。

# 任务二　掌握征求调查类茶话会活动

## 任务目标

**知识目标**

了解征求调查类茶话会的操作流程。

**技能目标**

掌握征求调查类茶话会的具体操作流程及方法。

### 任务分解

在征求调查类茶话会活动中,有对养老院的服务质量评价,对居家养老的看法,对家中保姆满意度调查等主题内容。本任务以对养老院的服务质量评价为主题内容进行阐述。

## 子任务一　征求调查类茶话会设计、策划及实施
### ——"健康养老快乐生活"老年人茶话会

### 一、活动背景

当老年人入住养老机构后,老年人的身份就由主人翁变成赋闲状态。对长期生活在养老院的老年人来说,养老院已经成为他们的第二个家,在这个家庭中生活,难免会有不如意的地方,因此,及时倾听他们的意见和建议,对养老院的良性发展很有必要。

### 二、活动目的

(1)了解老年人对养老院的满意度。

(2)帮助老年人找回主人翁状态,让他们觉得自己对社会是有价值的。

### 三、活动主题

健康养老快乐生活。

### 四、参与人员

机构有自主意识的老年人,机构领导代表两名。

### 五、组织单位

主办方:××社区康养中心;

承办方:××社工服务中心;

协办方:××协会。

### 六、活动时间

××年××月××日 9:00—10:30。

### 七、活动地点

养老院一楼活动室。

## 八、活动流程

"健康养老快乐生活"老年人茶话会活动流程见表 7-4。

表 7-4  "健康养老快乐生活"老年人茶话会活动流程

| 项　　目 | 主　要　内　容 |
| --- | --- |
| 活动开展前 | (1)活动通知发出后第三天,到各个楼层去统计参会老年人姓名和所要谈及的问题,并对问题进行分类。<br>(2)将参会人员及问题情况整理后,交予参会领导。<br>(3)邀请领导,布置活动场地,迎接各楼层不方便走路的老年人。与等待已久的老年人拉拉家常,或者给老年人进行按摩等 |
| 活动进行中 | (1)播放养老院宣传视频作为背景,迎接老年人入场。<br>(2)主持人对自己、参会人员和本次活动进行介绍。<br>(3)与老年人互动热场,玩破冰游戏。<br>(4)院方领导讲话,就某些问题进行自我批评。<br>(5)对所涉及的问题按类别开展茶话会。主持人与老年人互动。<br>(6)院方领导发言,并给每个参会老年人发放礼品 |
| 活动结束后 | 主持人对活动进行总结、致谢及合影留念。会后对活动进行评价 |

## 九、活动用品

音响设备、U 盘、照相机、摄像机、茶水、点心等。

## 十、人员安排

"健康养老快乐生活"老年人茶话会人员安排见表 7-5。

表 7-5  "健康养老快乐生活"老年人茶话会人员安排

| 工　作　事　项 | 姓　名 | 联　系　方　式 |
| --- | --- | --- |
| 活动统筹 | | |
| 主持 | | |
| 签到 | | |
| 摄影摄像工作 | | |
| 后勤保障 | | |
| 媒体宣传 | | |

## 十一、经费预算

"健康养老快乐生活"老年人茶话会经费预算见表 7-6。

表 7-6  "健康养老快乐生活"老年人茶话会经费预算

| 项　　目 | 数　　量 | 金额/元 |
| --- | --- | --- |
| 一次性水杯 | 1袋 | 9 |
| 茶叶 | 1袋 | 8 |

续表

| 项　　目 | 数　　量 | 金额/元 |
|---|---|---|
| 横幅 | 1条 | 45 |
| 装饰气球 | 1包 | 10 |
| 水果、点心 | 10斤 | 50 |
| 合计/元 | | 122 |

## 十二、备注

(1)活动结束后,要对本次茶话会的内容进行总结,并及时对所提出的问题进行意见反馈。

(2)事先应基本了解参会老年人的情况,就谈话话题有所沟通,以免会场出现不可控局面。

### 子任务二　征求调查类茶话会的活动实况及经验分享

本次活动以老年人讲述在养老院的生活为主,活动中老年人围绕在养老院的衣食住行进行发言和讨论,并积极与组织者互动,活动达到预期效果。

"健康养老快乐生活"老年人茶话会活动分享经验见表7-7。

表7-7　"健康养老快乐生活"老年人茶话会活动分享经验

| 项　　目 | 内　　容 |
|---|---|
| 优点 | (1)以播放养老院宣传片为背景,欢迎老年人入场,倡导积极向上的茶话会气氛。<br>(2)老年人等待时间过长时,工作人员以拉家常、按摩等方式安抚老年人。<br>(3)开场以玩破冰游戏为切入口,调节活动气氛。<br>(4)此类活动的准备工作不同于其他茶话会,它更侧重于会前与老年人进行沟通,了解基本情况。<br>(5)在老年人开始发言前,院方领导进行自我批评,这表达了一种诚恳的态度,有力地把茶话会推向积极方向 |
| 缺点及对未来的建议 | (1)老年人表达跑题时,主持人控场能力欠缺,导致老年人讲述时滔滔不绝。<br>(2)礼品发放过早,导致有些老年人早早离会 |

**实践训练**

1.请结合实际情况分析,如出现冷场的情况,应该怎么处理?

2.请撰写一份关于征求调查类茶话会活动的策划书,活动主题自拟。活动策划书见表7-8。

表7-8　活动策划书

| 活动背景 | |
|---|---|
| 活动目的 | |
| 活动主题 | |
| 参与人员 | |
| 组织单位 | |

续表

| | |
|---|---|
| 活动时间 | |
| 活动地点 | |
| 活动流程 | |
| 活动用品 | |
| 人员安排 | |
| 经费预算 | |
| 备注 | |

# 任务三　掌握回顾总结类茶话会活动

**任务目标**

**知识目标**

通过具体情景案例的学习,了解回顾总结类茶话会的操作流程。

**技能目标**

掌握回顾总结类茶话会的具体操作方法。

**任务分解**

在回顾总结类茶话会活动中,有对交通工具发展的回顾,对通信方式改变的总结等主题内容。本任务以通信方式的改变为主题进行阐述。

## 子任务一　回顾总结类茶话会设计、策划及实施
——"通信发展给我生活带来的改变"茶话会

### 一、活动背景

通信技术借助现代科技飞速发展,我们的生活由此也发生了翻天覆地的变化。智能手机的兴起极大地方便了现代人的生活,然而很多老年人群体却因不会使用智能手机而无法感受到科技进步带来的通信便利。为了更好地服务老年人,让老年人与时俱进,与子女拉近沟通距离,特开展通信发展交流茶话会活动,让老年人感受到通信的迅速发展。

### 二、活动目的

(1)让老年人们谈谈通信发展对自己生活的影响,了解时代变迁。

(2)丰富老年人的知识,紧跟时代发展脚步。

(3)让老年人运用现代通信方式,在活动现场和亲朋好友联系一次,感受不同的通信方式。

## 三、活动主题

通信发展给我生活带来的改变。

## 四、参与人员

机构有自主意识的老年人。

## 五、组织单位

主办方：××社区康养中心；

承办方：××社工服务中心。

## 六、活动时间

××年××月××日 9：00—10：30。

## 七、活动地点

养老院一楼活动室。

## 八、活动流程

"通信发展给我生活带来的改变"茶话会活动流程见表 7-9。

表 7-9 "通信发展给我生活带来的改变"茶话会活动流程

| 项目 | 主 要 内 容 |
| --- | --- |
| 活动前 | (1)调查该养老院老年人使用现代通信工具的情况。<br>(2)询问老年人想视频的亲朋好友微信或者 QQ,事先加好友,约定时间进行视频。<br>(3)调查该养老院老年人使用现代通信工具的情况 |
| 活动中 | (1)主持人自我介绍,介绍参会人员,对本活动进行介绍。<br>(2)用 PPT 播放手机的发展史,让老年人了解手机的由来。<br>(3)让老年人自主讨论,自己最早用的手机是哪种,有何功能。<br>(4)教授老年人用现代智能手机。<br>(5)帮助老年人与老年人的亲朋好友进行一次微信或者 QQ 视频聊天 |
| 活动后 | 主持人对活动进行总结、致谢。合影留念。会后做活动评价 |

## 九、活动用品

音响设备、照相机、摄像机、茶水、点心等。

## 十、人员安排

"通信发展给我生活带来的改变"茶话会人员安排见表 7-10。

表 7-10 "通信发展给我生活带来的改变"茶话会人员安排

| 工 作 事 项 | 负责人 |
| --- | --- |
| 活动统筹 | |
| 主持 | |
| 签到 | |
| 帮助老年人视频通话 | |
| 摄影摄像工作 | |

| 工 作 事 项 | 负责人 |
|---|---|
| 后勤保障 | |
| 媒体宣传 | |

## 十一、经费预算

"通信发展给我生活带来的改变"茶话会经费预算见表7-11。

**表7-11 "通信发展给我生活带来的改变"茶话会经费预算**

| 项　　目 | 数　　量 | 金额/元 |
|---|---|---|
| 矿泉水 | 2箱 | 95 |
| 横幅 | 1条 | 45 |
| 装饰气球 | 1包 | 10 |
| 水果、点心 | 10斤 | 50 |
| 合计/元 | 200 | |

## 十二、备注

(1)活动结束后,要对本次茶话会内容进行总结,并及时对所提出的问题进行意见反馈。

(2)对于参会老年人情况事先要有基本的了解,活动内容要与老年人及其亲朋好友沟通,以免会场出现不可控制的局面。

### 子任务二　回顾总结类茶话会的活动实况及经验分享

本次活动以通信发展为切入点,活动中老年人对通信给他们生活带来的变化进行发言和讨论,老年人们积极与自己的亲朋好友聊天,活动不仅满足了他们的好奇心,还将平常不联系的亲朋好友的情感紧紧联系在一起,活动达到预期效果。

"通信发展给我生活带来的改变"茶话会活动分享经验见表7-12。

**表7-12 "通信发展给我生活带来的改变"茶话会活动分享经验**

| 项　　目 | 内　　容 |
|---|---|
| 优点 | (1)让老年人接触到了新鲜事物,这个座谈会的话题人人都有话可说,在活动中都打开了话匣子,积极踊跃发言。<br>(2)让老年人现场进行视频聊天,他们觉得很惊喜,不断回味。<br>(3)有一位老年人谈及过去的书信时,表示因为当时通信不发达耽误了大事,潸然泪下 |
| 缺点及对未来的建议 | (1)在与老年人亲朋好友联系时,他们中的有些人因为工作忙碌,无法和老年人进行视频连线,导致老年人心理上有些失落。<br>(2)礼品发放过早,导致有些老年人早早离会 |

▶ **实践训练**

1.请大家策划一次主题为"×××城市的变迁"的茶话会活动。

2.请大家谈一谈,茶话会活动前期主要需要做哪些事情?

# 任务四　掌握学习交流类茶话会活动

## 任务目标

**知识目标**

通过具体情景案例,学习了解学习交流类茶话会的操作流程。

**技能目标**

掌握学习交流类茶话会的具体操作流程及方法。

→ 任务分解

在学习交流类茶话会活动中,有对时事热点进行学习讨论,对书法、美术等艺术爱好进行交流,对现在正热播的电视剧、电影展开讨论等主题内容。本任务以时事热点学习讨论为主题内容进行阐述。

## 子任务一　学习交流类茶话会设计、策划及实施
### ——"信仰中的党的二十大"老年人茶话会

### 一、活动背景

全民期盼、举世瞩目的党的二十大胜利召开,是全党全国各族人民政治生活中的一件大事,是我们党在我国进入全面建设小康社会关键时期和深化改革开放、加快转变经济发展方式攻坚时期召开的一次十分重要的会议。老年党员要以党的二十大精神为指导,发挥党员先锋模范作用,为全面建设小康社会作出贡献,为建设和谐社会、和谐养老院出一份力。

### 二、活动目的

(1)通过对党的政治理论、最新时事进行学习,全面提升老年人的思想觉悟。

(2)在养老院营造良好的思想理论氛围。

### 三、活动主题

信仰中的党的二十大。

### 四、参与人员

机构内老党员同志。

### 五、组织单位

主办方:××社区康养中心;

承办方:××社工服务中心;

协办方:××协会。

### 六、活动时间

××年××月××日 9:00—10:30。

## 七、活动地点

养老院一楼活动室。

## 八、活动流程

"信仰中的党的二十大"老年人茶话会活动流程见表7-13。

**表7-13 "信仰中的党的二十大"老年人茶话会活动流程**

| 项 目 | 主 要 内 容 |
|---|---|
| 活动开展前 | (1)收集党的二十大报告的相关资料、视频。<br>(2)通知老年人参与活动的时间和地点。<br>(3)邀请养老院领导讲话 |
| 活动进行中 | (1)活动开始,主持人发言介绍本次茶话会的主题,介绍到场嘉宾。<br>(2)主持人向老年人介绍本次活动的流程,发放学习资料。<br>(3)党的历史回顾,言简意赅地介绍党的一大到党的十九大的重要决策、主要事件。<br>(4)聚焦党的二十大,请老年人谈谈党的二十大学习中自己的感受和收获,以及最期望在党的二十大期间看到的改变是什么。<br>(5)给祖国写祝福语 |
| 活动结束后 | 主持人对活动进行总结、致谢,合影留念 |

## 九、活动用品

扩音器、照相机、摄像机、茶水、点心等。

## 十、人员安排

"信仰中的党的二十大"老年人茶话会人员安排见表7-14。

**表7-14 "信仰中的党的二十大"老年人茶话会人员安排**

| 工 作 事 项 | 负责人 |
|---|---|
| 活动统筹 | |
| 主持 | |
| 签到 | |
| 收集资料、视频 | |
| 摄影摄像工作 | |
| 后勤保障 | |
| 媒体宣传 | |

## 十一、经费预算

"信仰中的党的二十大"老年人茶话会经费预算见表7-15。

**表7-15 "信仰中的党的二十大"老年人茶话会经费预算**

| 项 目 | 数 量 | 金额/元 |
|---|---|---|
| 矿泉水 | 2箱 | 95 |
| 横幅 | 1条 | 45 |

续表

| 项　目 | 数　量 | 金额/元 |
|---|---|---|
| 装饰气球 | 1包 | 10 |
| 水果、点心 | 10斤 | 50 |
| 便利贴 | 1包 | 3 |
| 合计/元 | | 203 |

## 十二、备注

(1)活动结束后,要对本次茶话会的内容进行总结,并及时对提出的建议意见进行梳理。

(2)对于参会老年人的情况事先要有基本了解,及时与老年人沟通活动内容,以免会场出现不可控局面。

### 子任务二　学习交流类茶话会活动实况及经验分享

在本次活动内容安排中,"我为祖国献祝福"环节需要把祝福语写在便利贴上,再贴到许愿树上,老年人严肃认真地对待。在党的一大到党的十九大知识问答环节,老年人积极踊跃,正确率极高,活动达到预期效果。"信仰中的党的二十大"老年人茶话会活动分享经验见表7-16。

表7-16　"信仰中的党的二十大"老年人茶话会活动分享经验

| 项　目 | 内　容 |
|---|---|
| 优点 | (1)这个座谈会的话题老党员都有话可说,在活动中打开了话匣子,积极踊跃发言。<br>(2)通过丰富的活动内容,加深了老党员的党性修养 |
| 缺点及对未来的建议 | (1)党员对一些知识问答中的题目很陌生,应选择老年人熟悉的内容做问答题目。<br>(2)很多老年人表达欲比较强,要注意控制好整体时间 |

**实践训练**

1.以小组为单位,联系一家社会机构,策划和开展一次茶话会类活动。

2.根据老年人茶话会类活动的目的划分,请同学们分别想出3个相关的活动主题。

# 策划组织老年人外出类活动

## 任务一 老年人外出类活动策划组织概述

**知识目标**

全面学习了解老年人外出类活动的定义、分类、特点等内容。

**技能目标**

1.掌握老年人外出类活动的基本流程。

2.学会老年人外出类活动的执行管理。

3.学会老年人外出类活动的评价。

**任务分解**

### 子任务一 了解老年人外出类活动基本概念

#### 一、老年人外出类活动的概念

老年人外出类活动,简单地说,即老年人为了实现某一目的而在空间上从自己常驻地点到异地的过程。老年人参与外出类活动,可锻炼体魄,掌握生活实用技能,扩大视野,增长知识,陶冶情操,培养集体主义精神等,可以为老年人生活增添乐趣,丰富他们的精神文化生活,对老年人身心具有良好的调节作用。

#### 二、老年人外出类活动分类

考虑到老年人生理心理的特点,在外出活动地的选择上应该慎重考虑,很多年轻人选择的活动地点不一定适合老年人。尽管如此,可供老年人选择的外出类活动依然丰富多样,按照不同的标准划分,则有不同的类型。本任务按照活动地资源、活动内容、活动持续时间长短进行划分,按照不同标准划分的活动相互之间存在重叠。

**1.根据活动地资源划分** 根据活动地资源划分老年人外出类活动见表 8-1。

表 8-1　根据活动地资源划分老年人外出类活动

| 项　　目 | 内　　容 |
|---|---|
| 自然旅游资源 | 自然旅游资源又称自然风景旅游资源,指能使人们产生美感或兴趣的、由各种地理环境或生物构成的自然景观。它们通常是在某种主导因素的作用和其他因素的参与下,经长期的发展演变而形成,具有游览观光、休息疗养、娱乐体育等功能,如山川、河流、湖泊、瀑布、森林、草原、珍稀树种、日出、云海等 |
| 人文旅游资源 | 人文旅游资源是人类创造的,反映各时代、各民族政治、经济、文化和社会风土人情状况,具有游览功能的事物和因素。它也分为三大类,即古迹与建筑类,休闲求知健身类(包括科教文化设施、疗养和福利设施、动物园、植物园、公园、体育场馆、游乐场所、节庆活动、文艺团体等)和购物类(包括购物中心、著名店铺、地方特产等) |
| 社会旅游资源 | 为了应对需要,满足需求,所有能提供足以转化为具体服务内涵的客体,皆可称为社会旅游资源,包含城乡风貌、现代人造设施及饮食购物等,如参观游览型的建筑艺术、田园风光、古镇村落、富有特色的地方风味美食、特产名品、特色市场等 |

**2. 根据活动内容划分**　根据活动内容划分老年人外出类活动见表 8-2。

表 8-2　根据活动内容划分老年人外出类活动

| 项　　目 | 内　　容 |
|---|---|
| 游览鉴赏型 | 指以从容地参观、欣赏和鉴赏为主的活动类型,其中又以优美的自然风光、著名古代建筑、遗址及园林、现代城镇景观、山水田园和以揽胜祈福为目的的宗教寺庙等为主 |
| 知识型 | 指老年人可以从中学习新知识新技能,增长见识,开拓眼界的活动,以文物古迹、博物展览、自然奇观等为主 |
| 体验型 | 指老年人可以参与其中,成为活动的一份子,体验过程的活动,以民风民俗、节庆活动、风味饮食等为主 |
| 康乐型 | 指可以达到康复、娱乐等目的的活动,以文体活动、度假疗养、人造乐园等为主 |

**3. 根据活动持续时间长短划分**　根据活动持续时间长短划分老年人外出类活动见表 8-3。

表 8-3　根据活动持续时间长短划分老年人外出类活动

| 项　　目 | 内　　容 |
|---|---|
| 短途类 | 指一天内可往返的老年人外出活动。由于时间的限制,外出的地点基本以活动的出发点为圆心向外延伸,通常坐车出行,往返车程加起来不超过 3 小时。此类活动地点主要是农家乐、步行街、商场、公园、市内或者市郊的旅游景点等 |
| 长途类 | 指老年人外出活动时间需要一天以上,即需在外过夜的活动。这类活动的外出时间较短途长,可选的交通工具较多,可以采用单一交通工具,也可选择几种交通工具;出行距离可以更远,内容更丰富,如知名的风景名胜、度假疗养等 |

## 三、老年人外出类活动特点

老年人外出类活动特点见表 8-4。

表 8-4　老年人外出类活动特点

| 项　目 | 内　容 |
|---|---|
| 综合性 | 老年人外出类活动涉及食、宿、行、游、娱、购六大要素,实际上涵盖了文学、艺术、哲学、历史、民俗、饮食、服饰、文物、建筑、交通、地理等各门学科。在上述的领域中,可以开发的自然和人文资源是无穷无尽的。老年人在活动过程中与上述因素同时发生联系,因此老年人外出类活动具有明显的综合性 |
| 享受性 | 求知、求乐、尝新等是老年人参加外出类活动的共同追求。因此外出类活动是老年人为了追求物质、精神上享受的活动,是一种随着社会生产力水平提高而出现,并不断发展的高级活动形式。尽管不同老年人对活动内容的需求各有不同,但有一点是共同的,即为了获得身心愉悦和满足 |
| 慢节奏性 | 在老年人外出类活动的策划中,一定要注意老年人的生理心理特性。因此,需要给老年人留出足够的游览、休息、如厕、吃饭等时间。不能为了完成参观游览目标而一味催促,这样不能保证活动质量 |
| 陪护性 | 老年人在外出时,有时会突然要上洗手间,有时会忘记了集合的时间、地点,有时身体会出现不舒服的状况等。这些情况都有可能导致老年人在活动中走失、掉队等。在老年人外出类活动中,要保证有足够数量的工作人员和医护人员陪同,保证活动中老年人的安全 |
| 怀旧性 | 老年人普遍有怀旧思乡的情节,向往中国历史以及传统文化。因此,大多数老年人对怀旧之旅、红色景点、民俗文化、历史文化表现出浓厚的兴趣 |
| 强选择性 | 由于老年人生理机能下降,对外出类活动目的地选择性较强,对出游活动的安排比较慎重。因此,出发前需要通过各种渠道,对目的地的情况做尽可能详尽的了解,并力求提前安排 |
| 高要求性 | 老年人对外出类活动的安全保障和服务质量的要求较高,对整个旅游行程较为挑剔,不仅要求安全、舒适,对住宿、餐饮的要求也较高,需要提供差异化的服务。因此要求工作人员具有较高的能力,要有耐心和细心,时刻关注老年人的安全和健康,还要特别注意细节 |
| 经济性 | 老年人普遍较节省,外出活动游览会选择经济实惠、性价比高的旅行团或者观光团。所以,在为老年人安排行程时,景点门票、交通、住宿、用餐等最好能争取到最大的优惠 |

# 子任务二　掌握老年人外出类活动策划思路与组织要点

## 一、老年外出类活动策划基本流程

**1. 明确老年人外出类活动的目的**　老年人外出类活动的目的是丰富老年人的晚年生活,开拓老年人视野。组织老年人参与外出类活动,让老年人在优美的自然风光或人文景观中身心得到陶冶,身体得到锻炼,同时,为老年人之间的相互学习提供平台,增进老年人之间的交流与沟通。

**2. 了解影响老年人外出类活动进展的因素**　考虑到老年人特殊的生理心理特点,在计划外出类活动时一定要注意一系列的影响因素。在外出游玩前必须认真考虑老年人的身体状况、经济状况,以及外出时间、地点、行程、交通等,并正确对其进行选择,以免发生不必要的伤害。

(1)必须关注老年人的身体状况,根据活动的地点、内容和持续的时间,选择招募相关身体素质达标的老年人。由于外出改变了老年人熟悉的环境,同时需要体力完成活动,因此对老年人的身体素质要求较高,最好在活动前能做好体检工作,排除一些有严重疾病的老年人,保障老年人的安全,同时必须征得老年人家属签字同意。

(2)从时间上看,老年人应尽量避免在旅游旺季出行,选择在4—6月和9—10月为宜。因为在此期间天气比较舒适,老年人不容易生病,如在春冬季多发的流行性感冒,夏天多发的细菌性痢疾、"热"中风等"季节病"。根据老年人身体状况确定参加短途或长途类外出活动。短途类外出活动建议时长3~6小时,可当天去当天回,一般不宜超过1天时间;长途类外出活动时长为1~5天,最长不要超过5天。

(3)从地点上看,老年人应更多考虑旅游地的地理、气候、住宿、饮食条件等,可选择一般的观光团,像乡村一日游、历史名城、海滨城市旅游等,最好不要到高海拔地区去,也不要选择涉及登山、涉水等项目的地域。

(4)从行程上看,若日程安排太过紧张,甚至一天去几个景点,老年人的身体是无法承受这种节奏的,最好不要选择路途太远、景点太多的行程安排,晚上也尽量多休息,不宜太过兴奋,随行一定要安排足够数量的工作人员和医护人员,以便老年人有需要的时候能得到帮助。

(5)从经济上看,老年人普遍比较节省,消费比较理性,对外出活动的经济性和实惠性要求较高,所以在外出旅游活动主题的安排上尽可能选择性价比高、实惠的行程。

**3. 确定老年人外出类活动出行方式** 老年人外出类活动在交通工具的选择上,最好搭乘飞机和火车,这样可以节省时间,减少旅游的疲劳,但如果老年人本身患有较为严重的呼吸系统疾病或心脏病等,最好慎重选择搭乘飞机。建议老年人尽量不要自驾出行,因为路上的突发事件往往会让老年人难以应对。如果是乘车,要选择车况较好,座位软硬适中,空间大小合适的车辆,驾驶员要业务精湛,富有爱心,保证老年人乘车的安全和舒适。如果外出的目的地是商场、展览馆等地点,那么一定要叮嘱老年人注意上下楼和电梯乘坐的安全,半失能老年人要有护理员跟随。外出类活动一定不能让老年人舟车劳顿,要在车上时刻关注老年人身体和心理状态,以便时刻准备采取相应的措施,以保证老年人的身体情况维持在一个比较良好的状态。

**4. 对老年人外出类活动地点做好调查** 不管是长途类还是短途类外出活动,组织者都要事先对活动地点有全面的了解。可以通过各种方式咨询了解或者组织者亲自到现场踩点,以确保活动顺利安全地完成。

**5. 了解组织老年人外出类活动应注意的事项**

(1)一定要有完全的准备,充分考虑老年人身体状况,准备好必要的物品和药品,切勿匆忙出游。

(2)活动前,应先了解目的地的天气情况,再决定行程。

(3)外出类活动的主题选择上尽可能地满足老年人的需求和爱好,如红色景点、风景名胜等,外出的交通、住宿、用餐等都要安排得细致周到。

(4)老年人记性较差、容易忘事,外出时一定要把随行工作人员的联系方式、车牌号、住宿酒店名、房间号等都给老年人写上,以备不时之需。必须要重复多次,直到老年人记住。

(5)为防止跌倒,旅行时要尽量少涉险,督促老年人缓慢行走,若登高,最好持杖,以维持身体平衡。

(6)面对美味佳肴,老年人不能来者不拒,如饮食无度,势必会加重胃肠负担,引发消化系统疾病。

(7)老年人外出时的行程不能安排得太满,一定要合理,大多老年人能适应早上较早起床,因此行程最好是早去早回。与年轻人相比,中老年人体力、耐力均有所下降,故应量力而行,切不可鲁莽行事。

(8)老年人基本不参加夜间活动,所以一般情况下,晚上最好不要组织活动。白天游玩比较劳累,应留下更多的时间让他们休息,以便保持体力,接着第二天的行程。

(9)购物的安排,老年人购物喜欢买茶叶、保健品等,家人和工作人员要做好提醒工作。

**6.老年人外出类活动的三个阶段**

(1)活动出发前。

①集合,点名,清查人数,组织上车或其他交通工具。

②检查老年人东西是否齐全。携带的衣物、随身物品、药品等是否完备。

③佩戴统一标识。

④预防晕车。提醒老年人上车前不可吃得过饱过油,并备好晕车药,出发前半小时至1小时空腹服用。

⑤如果有家属或者志愿者陪同,一定要讲清要求,关照老年人的行程,保证老年人安全。

⑥给老年人讲清活动的流程及注意事项,告诉老年人随队有医护人员并携带了急救用品及药物,有不适要及时联系。

⑦带好手杖。手杖是老年人的"第三条腿",能极大程度上为老年人保驾护航。因此,高龄老年人外出时应携带手杖。

⑧组织者可以给老年人讲些故事,准备一些游戏或组织老年人唱歌,以增加活动的趣味性,活跃气氛。

⑨如果步行,注意速度、路况、队形。

(2)活动进行中。

①动静结合。老年人外出,离不开体力活动。但老年人毕竟年事已高,体力有限,在活动过程中,要注意选择距离较短、适合休息的场所,以免老年人劳累过度,得不偿失。

②照顾全体。每次组织老年人外出类活动,一般以一二十人为好。由于老年人爱好、性格、体力不同,组织者要时刻关注每个老年人,以免人声喧哗,影响他人,也要避免部分老年人受冷落,一个人闷闷不乐。

③不要过度疲劳。外出地迷人的风光,常使人流连忘返,老年人在不知不觉中极易出现过度疲劳的情况。老年人如果出现乏力、多汗、头晕、眼花、心悸等症状时,应尽早休息,不可勉强坚持,对于患有心血管疾病的老年人,组织者更应加强监护。

④防止意外。外出时,组织者应尽量避免让老年人涉险,以免发生意外。要备足衣服,携带雨具,不宜坐在阴冷潮湿的石地上,防止雨淋,避免受凉致病。

⑤紧紧围绕活动主题,为老年人安排活动行程,做好讲解宣传工作,以达到活动的目的。

(3)活动结束后。

①集合,清查人数,组织老年人上车或乘坐其他交通工具。

②回程途中,组织者请大家说说外出游玩的感想,交流此次活动的心情和收获。

③安全把老年人送到目的地。

④做好活动的评价工作,以便总结经验,更好地举办下次活动。

## 二、老年人外出类活动的执行与管理

**1.做好活动宣传,招募相应老年人参加**

(1)活动信息发布方式:不管是社区居家老年人还是居住在养老机构的老年人,我们都要首先明确哪些类型的老年人适合参加本次活动,然后有针对性地进行宣传。通常有以下信息发布的方式。

①口头通知。这种方式适合参加人员较少,且组织者非常清楚社区或者机构老年人的情况,可以有针对性地到老年人家里进行宣传。此方式的优点是明确、具体,能准确得知老年人的反馈意见,而且便于统计参加活动的人数。通知者还可以根据老年人的身心特点,变换不同的语言表达方式。此方式的缺点是通知人员比较辛苦,需要到老年人家里去,多次重复相同的语言,耗时较长。

②交流媒介通知。如通过电话、微信、QQ等通知。这种方式和口头通知相比,优点相同,且在一定程度上克服了面对面找人耗时较长的不足。缺点是可能有的老年人不能很好地理解组织者的意图。网络等通知适合招募更大范围的老年人,通知中需说明对老年人的要求,包括身体状况、经济状况等。

③广告通知。通过网络、宣传栏、宣传册等进行通知。宣传栏文字通知适合老年人居住较集中,同时宣传栏是必经之地的情况。人手一份折页适合通知内容较多,观赏活动需要时间较长、地点比较远,准备需要很充分的情况下使用。

④多种形式并用。为了使老年人外出类活动的组织取得最佳效果,一般可以同时使用几种方式宣传活动。

(2)宣传具体内容:老年人外出类活动的宣传招募通知应写明:参加老年人的身体条件、活动时间、活动主题、活动地点、注意事项、主办方、收费标准、联系方式等。宣传通知时也要适当描述所观赏事物的亮点,以激发老年人好奇心,引起老年人的兴趣。

(3)后续工作:要及时掌握了解实际情况,收集报名老年人的人数及身体状况,做好应对措施,使活动能顺利进行,达到预期目的。

**2. 活动现场的组织与管理**

(1)招募到了相关条件的老年人后,在约定时间、地点进行集合,清点人数,讲解相关注意事项,并为老年人检查携带的物品和药品是否齐备。

(2)再次确定活动的交通工具、景点天气、门票、住宿、用餐、导游,以及景区的休息场所、厕所、人员是否拥堵等情况。

(3)根据老年人的数量、身体状况和行程主题,招募相关人数的志愿者或者工作人员,在整个行程中一定要密切关注老年人的健康状况和人身财产安全情况,并真情实意地关心老年人,让老年人感受到关爱。

(4)活动中注意节奏的把握,根据景点特点及老年人身体情况,适当地安排休息时间。

(5)活动组织者紧扣活动主题,为老年人讲解景点特色,使其参与至活动中来,让老年人充分享受其中,满意而归。

(6)活动组织者最好邀请老年人子女或者其他家属或者志愿者一同参加,给老年人的安全加一份保障。

(7)短途类外出活动,可以在老年人自愿的情况下,购买一份意外保险。这里需注意的是,不同保险公司有不同的年龄限制,超过一定年龄的老年人,保险公司可能会不接受投保。

(8)做好各类应急预案,如老年人突发疾病、老年人走失、老年人财产丢失等,都要有相关的解决措施,保证活动顺利进行。

**3. 组织人员应注意做好的内容**    老年人外出类活动,特别是长途类外出活动,活动组织方选择合适的工作人员对活动顺利展开是极为重要的。这类工作人员的选择,一般可以从以下四个方面的内容着手。

（1）态度温和，真心、细心关爱老年人：工作人员在外出活动中要做的就是用真心、细心对待老年人，让老年人充分感受到关心。在工作的细节上，在情感上，无一不能体现出真情实意。对于老年人来说，真情实意比在车里或者景区里讲更多内容更为重要。工作人员一定要细心一些，注意照顾那些行动不便的老年人。避免在车上开展太多活动，老年人一般都对此不太感兴趣。到景区参观游玩时要注意步速，切记不能走得太快，要照顾一下走得较慢的老年人，以防他们掉队。

（2）学会和老年人交谈，满足老年人的倾诉欲。老年人大多喜欢倾诉自己的人生感悟，工作人员可以结合本次行程的主题，和老年人聊聊其年轻时游历过的国内外的风景名胜等，或者根据老年人的喜好，聊聊相关的话题，如养生知识、历史知识或者生活经验等。

（3）一定要注意旅途中全方位的安全：工作人员在带领老年人进行参观游览时，首要任务是保证安全。任何工作中都要突出一个"稳"字，跟老年人说话时速度要慢，声音要响亮，服务态度要亲切、热情和周到，做到走路不观景，观景不走路。碰到上山下坡、路滑不平时，更要提醒他们注意安全，缓慢行走，并注意保护老年人的人身财产安全。

（4）工作人员一定要全方位把控活动行程和进度，提前准备下一个环节的内容，做到稳而有序。关注老年人的同时，也要照顾好随行的老年人家属、志愿者等，让他们各司其职，并在活动中有所收获。

一般来说，老年人外出游玩，相比年轻人外出活动需要更多细节的考虑，不管是从吃、住、行、游、购、娱六方面，还是从健康安全方面来说，都需要倾注更多的心思，在保证老年人游玩得开心的同时，一定要预防各种不良事件的发生，保证老年人的安全，以达到老年人外出活动的预期目的。

### 三、老年人外出类活动的评价

工作人员会不断地组织外出类活动，每次都要总结活动经验，吸取教训，梳理外出类活动每个环节的标准并不断完善，从而使活动组织得越来越好。因此，每次活动的评价十分重要的。老年人外出类活动的评价见表8-5。

表8-5　老年人外出类活动的评价

| 评价项目 | | 具体评价内容 |
| --- | --- | --- |
| 评价内容<br>（外出活动阶段） | 活动<br>出发前 | （1）人员是否通知完全，是否全部按时到达；<br>（2）老年人思想准备、物质准备、药品准备等是否充足；<br>（3）交通工具、住宿、用餐、游览景点是否落实；<br>（4）随行工作人员、家属、志愿者等是否进行培训并明确各自职责；<br>（5）在到达目的地前，是否给老年人讲清注意事项；<br>（6）对外出地点的环境、路况是否熟悉，能否保证老年人安全、顺利地外出游玩；<br>（7）若老年人有意外情况，有无应急预案；<br>（8）对外出活动相关知识有无储备，或者是否联系好导游 |
| | 活动<br>进行中 | （1）天气是否出现异常，老年人衣物、雨具是否准备充足；<br>（2）老年人活动时是否出现不适，是否出现发病、摔伤等意外；<br>（3）老年人是否玩得认真，是否情绪愉悦 |

| 评价项目 | 具体评价内容 | |
|---|---|---|
| 评价内容（外出活动阶段） | 活动结束后 | （1）老年人是否按时集合返程；<br>（2）老年人对此次外出活动是否满意，有什么意见或者建议；<br>（3）对于延伸活动，老年人是否增长了见识，提高了能力，达到了外出活动的目的；<br>（4）活动中发生了哪些不良事件？是什么原因导致的？是事前安排不合理，还是突发状况？有无相关应急预案，并做好此类不良事件的总结；<br>（5）本次活动对未参加的老年人产生了什么样的影响？能否激发老年人外出活动的兴趣；<br>（6）本次活动对养老机构或者社区带来什么正面的社会影响？以后是否组织更多的外出活动 |
| 评价时机 | | 对于外出类活动的评价，可以穿插在活动的各个阶段，并一直延续到延伸活动结束，因为在这段时间内，老年人、参与人员对一系列活动印象深刻，意犹未尽，参与评价意识较强。比如，游玩时、回程途中、老年人进餐时，都可有意识地提出该话题，让老年人畅所欲言。在老年人评价此次外出活动时，组织者要虚心听取，有必要的话可对活动进行适当调整 |
| 评价方式 | | 组织者可以通过个别访谈、活动结束后抽样座谈或填写调查问卷等形式进行评价 |
| 评价人员 | | 一般由活动组织者发起，参与评价的人员包含老年人、护工、医护人员、司机、导游、志愿者、家属等 |

**实践训练**

1.老年人外出类活动需要征得其家属的同意，请同学们草拟一个老年人外出类活动风险告知书。

2.请同学们思考，组织老年人外出类活动可以运用到的社会资源有哪些？怎样让社会资源参与进老年人的外出类活动，使活动更好地开展，以达到预期目的？

# 任务二 掌握短途类外出活动

**任务目标**

**知识目标**

通过具体情景案例，学习了解短途类外出活动的操作流程。

**技能目标**

掌握短途类外出活动的具体操作流程及方法。

> **任务分解**

老年人短途类外出类活动指一天可往返,并以活动出发点为圆心向外延伸,往返车程不超过 3 小时的活动,活动主题多样,如农家乐、步行街、商场、公园、市内或者市郊的旅游景点等。本任务以超市购物活动为例进行阐述。

# 子任务一 短途类外出活动设计、策划及实施
## ——××超市购物活动

## 一、活动背景

××老年中心地处××街道旁,与外界购物区距离较远,老年人外出购物不方便。为了满足老年人的购物需求,××中心联合××超市为老年人提供免费购物班车,解决老年人的生活需求。

## 二、活动目的

(1)为老年人提供一次外出购物的机会。

(2)丰富老年人的生活,让老年人接触外界,扩大视野。

## 三、活动主题

尽享购物乐趣,畅享快乐生活。

## 四、参与人员

××中心住养老年人(人数限制在 30 人以内)、××中心工作人员(社工、医生)、××志愿者(与老年人一对一结对)。

## 五、组织单位

××中心社工部。

## 六、活动时间

××年××月××日 9:00—11:40。

## 七、活动地点

××超市。

## 八、活动流程

**1. 活动开展前**

(1)××月××日联系××超市,争取超市的支持,提供免费班车,给老年人购物优惠,并联系媒体。

(2)××月××日通过广播、各楼层护理站通知老年人报名参加,确定参与人数。

(3)招募对应老年人人数的志愿者,一对一陪同老年人。

(4)制作老年人及志愿者通讯录及其他表格。

(5)活动当日天气晴朗。

**2. 活动进行中**

(1)上午 9:00,老年人齐聚一楼大厅;9:00—9:20,与志愿者配对,合影。

(2)9:30,上车。

(3)10:10,达到××超市门口。

(4)10:10—11:00,在超市购物。

(5)11:00—11:10,在超市门口集合上车。

(6)11:40,从××超市回中心。

**3.活动结束后**

(1)收集媒体报道文章及视频。

(2)在家属群发布照片及视频。

(3)写活动总结并上报。

## 九、活动用品

老年人胸牌 30 个、小红帽 30 个、相机 1 个、小旗子 1 个、扩音器 1 个、急救药箱 1 个等。

## 十、人员安排

随行医生、护士:××,××;

领队:社工××;

拍摄人员:××;

媒体负责人:××;

志愿者领队:××。

## 十一、媒体支持

××晨报、××新闻、××政府新闻网。

## 十二、经费预算

胸牌 30 个:60 元;

小红帽 30 个:150 元;

小旗子 1 个:20 元;

总计:230 元。

## 十三、备注

(1)外出参与活动的老年人需身体状况良好,认知能力良好,并征得老年人家属的知情同意,最好能为老年人购买意外险。

(2)为保证老年人安全,需随行安排一对一志愿者全程陪同老年人,防止老年人发生摔跤、走失等危险,并提前给志愿者讲解活动流程与注意事项。

(3)随行需安排医生或护士,若老年人外出途中出现任何不舒服,可以第一时间为老年人解决,保障老年人安全。

(4)给老年人及志愿者讲清活动流程与集合时间,防止个别老年人掉队影响整体行程。

(5)志愿者、工作人员安排充分,特别是活动开展前与超市的负责人沟通好相关事宜,提前查询相关天气情况,这是活动顺利进行的重要保证。

## 子任务二　短途类外出活动的活动实况及经验分享

本次活动首先经过老年人自主报名,中心相关负责人再根据老年人身体状况及其家属意见,筛选出大约 25 名老年人参加。在志愿者的全程陪同下,老年人开心挑选心仪的商品,并安全返回。工作人员全程按照既定安排,保证每个环节有序进行,老年人满意度较高,希望经常组织类似活动。"尽享购物乐趣,畅享快乐生活"超市购物活动分享经验见表8-6。

表 8-6 "尽享购物乐趣,畅享快乐生活"超市购物活动分享经验

| 项　　目 | 内　　容 |
|---|---|
| 优点 | (1)本次活动满足了老年人真正的需求,同时让老年人有机会接触外界,老年人满意度较高。<br>(2)活动招募了一对一的志愿者,同时安排了随行医生,充分保障了老年人的安全 |
| 缺点及对未来的建议 | (1)鉴于本次活动人数的限制,有一些行动不便的老年人也想参加本次活动,但未能参与。未来在领导的许可下,可开展行动不便老年人的外出购物活动,让更多老年人接触外界。<br>(2)本次活动志愿者招募的是大学生志愿者,下次可招募老年人家属,让家属通过参与活动,更加了解中心工作,建立与中心沟通的桥梁,加深相互之间的理解与信任 |

→ 实践训练

1.假定你是某养老机构的工作人员,请你分别为失智老年人和失能老年人各策划一个主题鲜明的短途类外出活动。活动策划书见表8-7。

表 8-7　活动策划书

| 活动背景 | |
|---|---|
| 活动目的 | |
| 活动主题 | |
| 参与人员 | |
| 组织单位 | |
| 活动时间 | |
| 活动地点 | |
| 活动流程 | |
| 活动用品 | |
| 人员安排 | |
| 经费预算 | |
| 备注 | |

2.请同学们思考,如果邀请媒体参与活动并对活动进行相关报道,有哪些优点和缺点?

# 任务三　掌握长途类外出活动

## 任务目标

**知识目标**

通过具体情景案例,学习了解长途类外出活动的操作流程。

**技能目标**

掌握长途类外出活动的具体操作流程及方法。

## → 任务分解

老年人长途类外出活动是指活动时间至少需要一天,即需在外过夜,出行距离较远,内容较丰富的活动,如游览风景名胜、伟人故居,进行度假疗养等。本次活动以×××福利院重阳节黄兴故居之旅活动为例阐述。

### 子任务一　长途类外出活动设计、策划及实施
——×××福利院重阳节黄兴故居之旅活动

#### 一、活动背景

秋日秋高气爽,是外出游览的好时节。老年人长期居住在福利院,与外界联系较少,很少接触新鲜事物。同时正值重阳节之际,志愿者资源丰富,是组织外出活动的良好时机。

#### 二、活动目的

一年一度的重阳节即将来临,此时组织院内部分老年人前往黄兴故居参观学习,重温革命历史,缅怀革命先烈,接受红色教育,以达到丰富老年人的生活,增进老年人的交流,增加老年人见识的目的。

#### 三、活动主题

缅怀革命先烈,珍惜当下生活。

#### 四、活动对象

需身体素质良好,能自如行走,没有严重慢性病的老年人。

#### 五、组织单位

主办单位:×××社工部;

协助单位:×××雷锋车队;

×××志愿队。

#### 六、活动时间

出发:××年××月××日(星期×)早上7:40集合,8:00发车。

返回:××年××月××日下午,共计两天一晚。

## 七、活动地点

游览地点:黄兴故居;

住宿地点:×××酒店;

用餐地点:早,×××饭店,中,×××饭店,晚,×××饭店。

## 八、活动流程

**1. 活动开展前**

(1)联系旅行社,沟通好具体的安排,尤其是针对老年人群体的特殊安排,撰写活动策划,征得院领导同意。

(2)发放活动通知,组织报名。

(3)人员筛选。对于身体状况不佳的老年人,劝说其不参加本次活动,并征得老年人家属同意。

(4)招募相应数量的志愿者一起前往,同时安排相关工作人员随行。

(5)协助老年人携带相关药品、物品,穿戴合适衣物、鞋袜。

**2. 活动进行中**

(1)早上组织老年人上车,讲解活动具体流程与注意事项,安排志愿者与老年人一对一结对。

(2)到达黄兴故居,组织老年人外出游玩。

(3)中午用餐。

(4)下午组织观看红色主题表演,晚上休息。

(5)第二天上午游览农家风景。

(6)中午用餐。

(7)用餐后集合返程,返程途中分享活动心得并提相关建议。

(8)行程中随时关注老年人,保证老年人安全愉快地游玩。

**3. 活动结束后**

(1)将老年人安全送达福利中心。

(2)组织工作人员、志愿者开展总结会议,及时做好活动的评价工作。

(3)给老年人家属报平安,给志愿单位写感谢信。

(4)撰写活动新闻稿,在自媒体等平台进行发表。

## 九、活动用品

基本药物、矿泉水、队旗、帽子、扩音器等。

## 十、人员安排

领队:×××;

副领队:×××;

医务人员:×××;

志愿者:一对一的志愿者跟随老年人;

司机:×××。

## 十一、经费预算

矿泉水:×××元;

队旗:×××元;

帽子:×××元;

基础药品:×××元;

景点门票：免费；

表演门票：×××元；

用餐费用：×××元；

住宿费用：×××；

用车：志愿团队捐赠；

合计：×××元。

## 十二、注意事项

（1）行程共计两天一晚，目的地天气晴朗，气温适宜，请老年人准备随身物品、换洗的衣物及药物，穿戴合适的鞋袜、衣物。

（2）请带好身份证和老年证。

（3）随行医生、工作人员、志愿者严密关切老年人安危，为老年人讲解景点知识，保证老年人安全愉快地完成本次活动。

（4）本次活动需征得老年人家属同意才能前往，并要签订知情同意书。

## 子任务二　长途类外出活动的活动实况及经验分享

活动当天天气状况良好，一早老年人准备好相关物品，在工作人员的组织下一一上车，工作人员细心地为老年人及随行工作人员讲解活动流程及注意事项。伴随着优美的歌声，大概车程3小时就到达活动地点。稍作休息后，老年人到达景区，景区讲解员热情讲解。老年人很愉快地度过了两天的行程，中间没有发生不良事件，出现的一些小状况都及时得到有效解决。整体来说，本次活动老年人满意度较高，效果良好。"缅怀革命先烈，珍惜当下生活"黄兴故居之旅活动分享经验见表8-8。

表 8-8　"缅怀革命先烈，珍惜当下生活"黄兴故居之旅活动分享经验

| 项　　目 | 内　　容 |
| --- | --- |
| 优点 | （1）此活动让老年人到外面走走看看，扩大视野，放松心情，老年人家属响应积极。<br>（2）活动招募了一对一的志愿者，同时安排了随行医生，充分保障了老年人的安全。<br>（3）活动目的地的选择较好，路途较平坦，内容是老年人比较喜欢的历史主题，讲解员讲解到位，老年人兴趣浓厚 |
| 缺点及对<br>未来的建议 | （1）活动地点的选择最好征集老年人的意见，根据老年人意见有计划地安排外出活动。<br>（2）活动费用较高，未来最好通过志愿者募捐赞助的方式减少开支。<br>（3）鉴于本次活动的人数及行程的限制，为保证活动的顺利进行，虽然有一些行动不便的老年人也想参加本次活动，但未能让其参加。未来在领导的许可下，可开展行动不便老年人的外出活动，让更多老年人接触外界。<br>（4）本次活动志愿者招募的是大学生志愿者，下次可招募老年人家属，让家属通过参与活动，增加对福利院工作的了解，建立与福利院沟通的桥梁，加深相互之间的理解与信任 |

→ **实践训练**

1.请试着罗列出国内适合能自理老年人出游的旅游景点，自然或人文景观均可。

2.老年人外出类活动有哪些安全风险？应该如何做好预案？